아포리즘으로 읽는 루소의 고백록

나는 이렇게 루소가 되었다

아포리즘으로 읽는 루소의 고백록

나는 이렇게 루소가 되었다

ⓒ 김대웅, 2016

초판 1쇄 발행 2016년 4월 15일

지은이 장 자크 루소
편역자 김대웅
펴낸이 김형호
펴낸곳 아름다운날

출판등록 1999년 11월 22일
주소 (121-837) 서울시 마포구 서교동 351-10 동보빌딩 103호
전화 02) 3142-8420
팩스 02) 3143-4154
e-mail arumbook@hanmail.net
ISBN 979-11-86809-15-0 03300

이 도서의 국립중앙도서관 출판예정도서목록(CIP)은
서지정보유통지원시스템 홈페이지(http://seoji.nl.go.kr)와
국가자료공동목록시스템(http://www.nl.go.kr/kolisnet)에서
이용하실 수 있습니다.(CIP제어번호: CIP2016008195)

아포리즘으로 읽는 루소의 고백록

나는 이렇게 루소가 되었다

장 자크 루소 지음 / 김대웅 편역

아름다운날

APHORISMS FROM THE CONFESSIONS

OF JEAN-JACQUES ROUSSEAU

모리스 드 라 투르(Maurice Q. de La Tour)가 그린
루소의 초상화(1764)

"유명하지만 읽어 보지는 않은 책이 바로 고전"이라는 말이 있다. 루소의 책 중『고백록』은 이에 해당하는 고전들 중 하나일 것이다.『에밀』이나『사회계약론』등은 많이 알려져 있고 꽤 읽히기도 하지만, 그의 고백록은 상대적으로 독자들이 적은 편이다. 1700년대의 인물인 루소의 사상은 지금까지도 학문적으로는 영향력을 발휘하고 있지만, 그의 삶을 추종하는 자들은 찾아보기 힘든 것이 사실이다.

루소는 독특하고 놀라운 인물이다. 체계적인 제도권 교육을 거의 받은 적이 없이 독학으로 지식을 쌓고 사상을 발전시켜 사회 철학적인 문제들에 독자적인 이론을 펼친 것도 놀랍지만, 일반적인 사회 규범을 간단하게 뛰어넘고 오직 자신의 감정과 욕구에 충실한 듯 보이는 그의 이력은 천진함과 방탕함의 차이가 도대체 무엇인지를 묻게 만든다. 어린 시절 좀도둑질에 대한 태연한 변명, 어머니뻘 되는 후견인인 바랑 부인과의 미묘한 관계, 아내인지 하녀인지 불분명한 채로 동거한 테레즈, 그녀와의 사이에서 태어난 다섯 아이들을 차례로 고아원에 보낸 행위, 자신의 소신을 글로 발표하는 과감함과 교회와 공권력의 처벌에 대한 두려움으로 망상과 착란에 시달리는 유약함 등, 뚜렷하게 한두 마디로 규정하기 어려운 복합적인 인물이 바로 루소이다.

"나는 전례가 없었고, 앞으로도 그 성취를 모방할 사람이 전혀 없을 작업을 시작하려 한다. 나는 나와 같은 사람들에게 한 사람을 완전히 자연 그대로 보여주려고 한다. 그 사람은 바로 내가 될 것이다."

이 유명한 문장으로 시작하는 『고백록』은 루소가 세간의 비난과 거친 공격으로 불안과 절망감에 시달리던 시기에, 진실한 자신의 모습을 가감 없이 세상에 알리겠다는 목적으로 씌어졌다. '최고의 선은 자기 자신에 대한 진실성'이라는 모토로, 자신이 살아온 과정을 솔직하고 상세하게 서술했다. 약점과 치부를 거침없이 드러내는 한편, 자신의 행위를 적극적으로 변명하는 모습도 간간이 보인다. 개인의 사생활과 그때의 감정을 과감하게 드러내며 논평을 붙이는 이런 서술 방식은 이후에 많은 작가들에게 영향을 미쳤다.

루소의 『고백록』은 순차적인 시간에 따라 1부와 2부로 구성되어 있는데, 1부는 탄생에서부터 새로운 세상인 파리로 출발할 때까지(1712~1740)를 쓴 1권-6권, 2부는 파리로 출발해서부터 온갖 세파를 겪고 생 피에르 섬을 떠날 때까지(1741~1765)를 쓴 7권-12권이다.

『고백록』이 내용으로 보나 형식으로 보나 문학사에 남을 빛나는 작품인 것은 분명하지만, 역시 분량으로 보나 내용으로 보나 오늘날 한국의 독자들이 읽기 쉬운 책은 아니다. 이 책은 독자들이 접근하기에 무겁고 어렵게 느껴지는 루소의 『고백록』을 따라가면서 각 권마다 오늘날을 살아가는 우리에게도 충분히 의미가 있고 새겨들을 만한 가치가 있다고 판단되는 문장들을 뽑아 엮은 것이다. 그리고 그 문장이 어떤 맥락에서 나온 것인지를 알 수 있도록 그 말이 들어 있는 원문 부분을 발췌해서 실었다. 각 권의 앞에는 전체적인 이야기 흐름을 이어가면서 독자들의 이해를 돕기 위해 그 권의 내용을 요약해서 넣었다. 루소의 인생 역정에 대해 좀 더 자세히 알고 나서 그의 말을 이해하고 싶다면 뒤에 붙은 연보를 먼저 읽고 본문을 읽는 것도 도움이 될 것이다.

차례

제 1권

1712~1728

장 자크 루소는 『고백록』을 쓰는 심경을 첫 장에서 이렇게 토로하고 있다.

"나는 전례가 없었고, 앞으로도 그 성취를 따라올 사람이 전혀 없을 작업을 시작하려 한다. 나는 나와 같은 사람들에게 한 사람을 완전히 자연 그대로 보여주려고 한다. 그 사람은 바로 내가 될 것이다. …… 언젠가 최후 심판의 나팔 소리가 울릴지라도 나는 이 책 한 권을 들고 지고지순한 심판관 앞에 서서 이렇게 큰 소리로 외칠 것이다. '나는 이렇게 행했노라. 나는 이렇게 생각했노라. 나는 이렇게 살았노라. 나는 선과 악을 가리지 않고 솔직하게 말했노라. 그 어떤 잘못도 숨기지 않고 그 어떤 선행도 덧붙이지 않았노라'고."

이 『고백록』의 제1권은 1712년에 스위스 제네바에서 시계공의 아들로 태어날 때부터 14살 되던 때까지를 기록하고 있다. 자신이 태어나자마자 열흘 만에 돌아가신 어머니에 대한 미안함을 내비치고, 독서에 열중하면서 형성된 자신의 혼란스런 성격을 고백하지만, 자신의 존재에 대해 뿌듯함을 느끼기도 한다.

루소는 아버지가 제네바 시와 마찰을 빚고 니옹으로 이사 간 뒤 외삼촌 베르나르의 밑에서 지내다가 그의 아들과 함께 개신교 목사인 랑베르시에게 맡겨졌다. 이때 여덟 살이었던 루소는 자기보다 서른 살 정도나 많은 목사의 여동생 랑베르시에 양에게 연정을 느끼기도 한다.

이후 시청 서기와 견습공으로 일하면서 수전노 주인 때문에 사과를 훔치는 등 도벽도 생기지만, 루소는 이를 자기 탓보다는 주인 때문에 생긴 일로 치부하는 등 나름대로 변명을 하기도 한다.

이런 경험을 바탕으로 루소는 돈과 소유에 대해 거리를 두는 마음을 품게 되었다. 돈은 자신의 목적에 답이 되지 못하며, 돈을 가지고 있다는 것이 거의 부끄러울 정도이고, 더구나 그것을 사용하는 것은 훨씬 더 부끄러운 일이라 여겼다.

루소의 아버지 이자크 루소(Isaac Rousseau)

또 당시 자신이 처해 있던 상황에 충실하려고 했던 심경을 다음과 같이 토로하기도 했다.

"나는 내 종교와 조국과 가족과 친구들과 어울리며 내가 하고 싶은 일을 하는 안락한 삶을 살고 싶다. 이렇듯 소박하게 살면서 내 가족들이 지켜보는 가운데 눈을 감고 싶다."

그러나 루소의 인생은 자신이 바라는 대로 펼쳐지지는 않았다.

"나는 앞으로 어떤 그림을 그리게 될 것인가. 오, 내 인생의 불행을 미리 들춰내지 말자. 하지만 난 이런 불행한 주제를 가지고 여러분들을 무척이나 괴롭힐 것이다."

루소가 태어난 스위스 제네바
그랑 뤼(Grand-Rue) 40번지

사과를 훔치다 들킨 루소

나는 나와 같은 사람들에게 한 사람을 완전히
자연 그대로 보여주려고 한다.
그 사람은 바로 내가 될 것이다

나는 전례가 없었고, 앞으로도 그 성취를 모방할 사람이 전혀 없을 작업을 시작하려 한다. 나는 나와 같은 사람들에게 한 사람을 완전히 자연 그대로 보여주려고 한다. 그 사람은 바로 내가 될 것이다.

나는 내 마음을 알고 또 인간들을 연구했다. 나는 내가 만난 누구와도 닮지 않았다. 아마도 현존하는 어느 누구와도 같이 만들어지지 않았을 것이다. 비록 내가 더 낫지는 않더라도 적어도 나는 독특하다. 자연은 나를 만들었던 틀을 깨뜨려 버렸는데, 그것이 잘한 일인지 여부는 오로지 내 작품을 다 읽고 난 후에야 결론 내릴 수 있을 것이다.

나의 출생은 어머니의 생명을 담보로 이루어졌고, 그것은 내가 겪게 될 불행들 중 첫 번째 불행이었다

어머니는 그러한 것들(외간 남자들의 유혹)로부터 자신을 지켜주는 정절 이상의 것이 있었는데, 그것은 남편을 진심으로 사랑하고 있다는 것이었다. 그래서 어머니는 남편에게 빨리 돌아오라고 재촉했다. (콘스탄티노플에서 시계공으로 일하던) 남편은 만사를 제쳐놓고 제네바로 돌아왔다.

나는 이러한 귀환에서 맺어진 불행한 열매였다. 열 달 후 나는 허약하고 병든 상태로 태어났다. 나의 출생은 어머니의 생명을 담보로 이루어졌고, 그것은 내가 겪게 될 불행들 중 첫 번째 불행이었다. 아버지가 어머니의 죽음을 어떻게 견뎌냈는지 모른다. 하지만 나는 아버지가 어머니의 죽음을 결코 잊지 못한다는 것은 알고 있었다. 아버지는 내가 당신에게서 어머니를 빼앗아 갔다는 사실을 잊지 못하고 내게서 어머니의 모습을 본다고 믿었다. 아버지가 나를 껴안을 때마다 나는 아버지의 깊은 탄식과 경련이 섞인 포옹에서 애정과 뒤섞인 안타까움이 있음을 느꼈다.

우리는 생각하기 전에 느낀다
그것은 인간의 공통조건이다

우리는 생각하기 전에 느낀다. 그것은 인간의 공통조건이다. 다만 나는
그것을 다른 사람들보다 더 많이 체험했다. 나는 대여섯 살 때까지 무
엇을 했는지 모르겠고, 어떻게 읽는 법을 터득했는지도 모른다. 고작해
야 초기의 독서와 그것이 내게 미친 영향만 기억날 뿐이다. 자의식(自意
識)이 끊임없이 등장하는 것은 바로 이 무렵이라고 생각된다.

나는 아무것도 이해하지 못했지만
모든 것들을 느끼고 있었다

나는 오래지 않아 책을 줄줄이 읽고 곧바로 이해하는 뛰어난 재능뿐만 아니라 내 나이에 걸맞지 않게 열정에 대한 이해력도 갖게 되었다. 사물들에 대한 정확한 개념은 전혀 몰랐지만, 감정의 무한함은 이미 친숙한 것이 되었다. 나는 아무것도 이해하지 못했지만, 모든 것들을 느끼고 있었다. 잇따라 겪은 이렇듯 혼란스러운 감정은 내가 아직 의식하지 못한 이성(理性, reason)을 전혀 손상시키지 않았다. 하지만 그로 인해 나에게는 남들과 다른 성격의 이성이 형성되었고, 인생에 대해 기묘하고 낭만적인 의식을 갖게 되었다. 경험과 성찰도 결코 그것을 제대로 고쳐 줄 수 없었다.

자존심이 강한 동시에 다정다감한 마음,
여성적이지만 아무도 꺾을 수 없는 성격은 이렇게
내 마음속에서 형성되었다

내가 태어나면서 갖게 된 최초의 성향들, 자존심이 강한 동시에 다정다
감한 마음, 여성적이지만 아무도 꺾을 수 없는 성격은 이렇게 내 마음
속에서 형성되어 나타나기 시작했다. 그리고 이러한 마음과 성격은 언
제나 나약함과 용기 사이를, 또 나태함과 미덕 사이를 오가며 끝까지
나 자신을 모순된 상태에 놓이게 했으며, 금욕과 향락 그리고 쾌락과
덕행이 똑같이 내게서 멀어지게 했다.

나는
칭찬에는 별로 예민하지 않았지만
수치심에는 언제나 민감했다

나는 사람들이 내게뿐만 아니라 그들에게 관련된 모든 것들에 대해 만족하는 것을 보는 것보다 기분 좋은 일은 알지 못한다. 교회에서 교리 문답을 하다가 답변이 막혀 주저하는 일이 생길 때 랑베르시에 양의 얼굴에서 초조한 나머지 애를 태우는 표정을 보는 것보다 나를 당황하게 하는 일은 없었다. 그 사실을 나는 영원히 잊지 못할 것이다. 그것만이 사람들 앞에서 답변을 술술 하지 못하는 창피함보다 더욱 내 마음을 아프게 했다.

하지만 그런 수치가 내 마음을 매우 아프게 했던 것도 사실이다. 나는 칭찬에는 별로 예민하지 않았지만 수치에는 언제나 민감했기 때문이다. 그리고 랑베르시에 양이 꾸짖을 것으로 생각되면, 그것은 불안감보다는 그녀를 슬프게 만들지 모른다는 두려움을 주었다.

나에게 절제가 힘들었던 것은
주인이 절제하지 않는 것을 보았기 때문이다

나는 도둑질하는 것이 그리 무섭지 않다는 것을 알게 되었고, 곧 내 기술을 십분 활용하여 내가 점찍은 것은 모조리 내 손에 넣었다. 그렇다고 내가 주인집에서 잘 못 먹은 것은 절대 아니다. 나에게 절제가 힘들었던 것은 단지 주인이 제대로 절제하지 않는 것을 보았기 때문이다. 젊은이들의 구미를 무척 당기게 하는 음식들을 차려 주면서 그들을 식탁에서 일어나게 하는 관습은 그들의 갈망을 부풀리고 나아가 그들이 가장 맛있다고 여긴 것을 훔치도록 유도한다. 나도 얼마 후 탐식가와 좀도둑이 되었다. 평소에는 그것에 대해 만족스럽게 여겼고, 가끔은 매우 불만족스럽게 여겼는데, 그때는 훔치다 걸렸을 때였다.

나는 발판으로 올라가 먹잇감을 막 찌르려고 하는데
불행하게도 용은 잠을 자고 있지 않았다

사과를 사냥하러 나섰던 추억이 있다. 그 생각을 하면 아직도 몸이 떨리고 웃음을 참을 수 없다. …… 나는 쇠꼬챙이로 사과를 끌어내리려고 했다. 그런데 조각난 두 쪽이 모두 식품 저장고 안으로 떨어지고 말았다. 동정심 많은 독자들이여, 나의 비탄을 함께 느껴 보라.

나는 조금도 용기를 잃지 않았지만 시간을 많이 잃었다. 들킬 염려도 있었기 때문에 더 좋은 기회를 잡기 위해 다음 날 다시 시도하기로 하고, 아무 일도 없었던 것처럼 태연하게 다시 일을 시작했다. 입이 가벼운 그 두 증거물(두 조각난 사과)들이 내게 불리한 증언을 하리라고는 전혀 생각하지 못하고 말이다.

다음 날 다시 좋은 기회를 잡아서 다시 시도한다. 나는 발판으로 올라가 쇠꼬챙이를 겨냥한다. 그리고 먹잇감을 막 찌르려고 하는데 불행하게도 용(주인을 그리스 신화에서 황금사과를 지키던 100개의 눈이 달린 용 라돈Ladon에 비유했다)은 잠을 자고 있지 않았다. 갑자기 식품 저장실의 문이 열린다. 주인이 거기서 나와 팔짱을 낀 채 나를 노려보며 말한다. "잘 한다!" 그 순간의 공포를 떠올리면 지금도 펜이 손에서 떨어질 지경이다.

도둑놈이라고 나를 때리는 것은
내가 도둑놈이 되어도 좋다는 것이라고 판단했다

끊임없이 학대를 받는 바람에 이제는 그것에 무감각해졌다. 그것은 마치 도둑질에 대한 일종의 대가처럼 보여서 나에게 도둑질을 계속할 권리를 부여해 주었다. 그래서 뒤를 돌아보면서 벌을 생각하는 대신에 앞을 보면서 복수를 다짐했다. 도둑놈이라고 나를 때리는 것은 내가 도둑놈이 되어도 좋다는 것이라고 판단했다. 훔치는 것과 벌 받는 것은 불가분의 관계이고 하나의 고정된 상황이기 때문에, 그 상황에서 내게 속한 부분은 내가 완수하고 그 나머지 부분에 대한 수고는 주인에게 맡길 수 있다고 생각했다. 이런 생각에서 이전보다 더 태연하게 도둑질을 하기 시작했다. 그리고 이런 속으로 이렇게 중얼거렸다.

"결국 어떻게 될까? 난 최악의 경우를 알지. 그야 얻어맞겠지. 좋다, 어차피 난 얻어맞도록 태어났으니까."

내가 진짜 도둑놈이 되지 않았던 것은
내가 그다지 돈에 끌리지 않았기 때문이다

나는 먹는 것을 좋아하고 감각적이지만 게걸스럽지는 않다. 감각적 쾌락을 찾기는 하지만 미식가는 아니다. 다른 취미들이 너무 많아서 먹는 취미에 관심을 두지 못한다. 마음이 한가로울 때를 제외하고는 결코 입을 즐겁게 하는 데 정신을 판 적이 없었다. 게다가 그런 일은 내 생애에서 극히 드물어서 맛있는 음식을 생각할 시간도 거의 없었다. 바로 이러한 이유로 내 좀도둑질은 먹는 것에 국한되지 않고 오래지 않아 곧 나를 유혹하는 모든 것으로 확장되었다. 그런데 내가 진짜 도둑놈이 되지 않았던 것은 내가 그다지 돈에 끌리지 않았기 때문이다.

묘한 것은 이 체벌이 그것을 가한 여인에게
훨씬 더 애정을 느끼도록 만들었다는 사실이다

실제로 처벌을 받은 후에는 예상했던 것보다 덜 무섭다는 생각이 들었다. 그리고 무엇보다도 묘한 것은 이 체벌이 그것을 가한 여인(루소를 맡아 기르던 랑베르시에 목사의 여동생)에게 훨씬 더 애정을 느끼도록 만들었다는 사실이다. 일부러 벌을 받을 짓을 해서 똑같은 처벌을 다시 받으려는 행위를 자제하기 위해서 나는 그녀에 대한 진실한 애정과 내 천성인 온순함을 발휘해야만 했다. 나는 고통 속에서, 심지어 수줍음 속에서도 일종의 관능이 섞여 있음을 느꼈고, 그래서 같은 손에 의해 다시 벌을 받기를 두려워하기보다는 오히려 더 바라게 되었기 때문이다.

이처럼 나의 관능은
소심한 기질과 낭만적인 정신이 조화를 이루고 있었다

오만한 애인에게 무릎을 꿇고 그녀의 명령에 복종하거나 용서를 구하는 것이 나에게는 너무도 달콤한 즐거움이었다. 그래서 생생한 상상력이 내 피를 타오르게 할수록 나는 마치 칭얼거리는 애인처럼 보였다. 누구나 알고 있듯이 이런 연애방식은 너무 더디게 이루어지며, 상대방 여인의 정조에 심각한 위협이 못 된다. 그래서 나는 여인을 소유한 적이 거의 없었지만 내 나름대로의 방식으로, 즉 상상으로만 즐거움을 많이 누렸다. 이처럼 나의 관능은 소심한 기질과 낭만적인 정신이 조화를 이루고 있었다. 그것은 내가 좀 뻔뻔했더라면 나를 가장 격렬한 성욕에 빠지게 했을 바로 그런 취향으로부터 나의 절제된 감정과 도덕적 순결을 보호해 주기도 했다.

내 피에 흘러 들어왔던 음란함과 나약함의 원천은
내 영혼의 가장 힘찬 원동력들이
뿌리 내리고 있는 원천과 같다

나의 존재 중 감각적인 부분을 형성했던 최초의 흔적들을 추적해 보면, 가끔은 양립할 수 없는 것으로 여겨지기도 한다. 하지만 서로 결합하여 통일적이고 단일한 효과를 강력하게 발휘하는 요소들이 보이기도 한다. 또 겉으로는 비슷하게 보이지만 몇몇 상황들의 일치 때문에 아주 다른 조합을 이루어 그것들 사이에는 결코 어떤 관계가 있다고 생각할 수 없을 정도인 요소들도 있다. 예를 들면 내 피에 흘러 들어왔던 음란함과 나약함의 원천이, 영혼의 가장 힘찬 원동력들 중 하나가 뿌리 내리고 있는 원천과 같다는 것을 도대체 누가 믿겠는가?

폭력과 불의에 대한 이 최초의 사례는
내 영혼에 매우 깊이 새겨져서
분노의 감정을 다시 불러일으킨다

 나는 이 글을 쓰는 동안에도 심장의 고동이 빨라지는 것을 느낀다. 그러한 순간들의 동요(動搖)는 내가 십만 년을 살더라도 여전히 내 기억 속에 생생히 남아 있을 것이다. 폭력과 불의에 대한 이 최초의 사례는 내 영혼에 매우 깊이 새겨져 여기에 관련되는 모든 생각들은 나의 정서, 즉 분노의 감정을 다시 불러일으킨다. 그리고 이 감정은 원래 나와 관계된 것이지만 그 자체로 너무나 견고해지고 또 모든 개인적 이해관계와 너무 동떨어져, 어떤 부당한 행위를 보거나 들을 때면 그 대상이 어떤 것이든 그리고 그것이 어디서 저질러졌든 상관없이 그 결과가 내게 돌아오는 것처럼 마음이 끓어오른다. 무자비한 폭군의 잔인한 행위와 음흉한 사제의 간교하고 사악한 이야기를 읽을 때마다 비록 내가 죽더라도 기꺼이 그 비열한 놈들을 찔러 죽이러 나설 것 같다.

나는 두 종류의 사랑을 경험했는데
그 둘은 똑같이 진실하지만 서로 연관성이 거의 없으며
둘 다 다정한 우정과는 다르다

스물두 살의 처녀에게 열한 살짜리 애인이 무엇인지 짐작할 것이다. 바람기 많은 이런 여자들은 모두 이런 식으로 작은 인형을 내세워 큰 인형들과 맺은 심각한 관계를 감추곤 한다. 나는 뷜송 양과 내가 어울리지 않는다는 것을 전혀 모르고 그것을 심각하게 받아들였다. 나는 그녀를 죽도록 사랑하고 격정과 흥분과 열광으로 웃기는 장면을 연출하기도 했지만, 마음으로만 그리고 머리로만 사랑했기 때문에 이러한 격정은 더 이상 진척이 없었다.

나는 두 종류의 사랑을 경험했는데, 그 둘은 똑같이 진실하지만 서로 연관성이 거의 없으며, 둘 다 다정한 우정과는 너무도 다르다. 내 생애 전체는 그토록 서로 다른 성격을 갖는 이 두 개의 사랑으로 양분되었다. 그리고 나는 심지어 이 두 가지 사랑의 위력을 동시에 그리고 자주 느끼기도 했다.

주인의 횡포는 내게
자식으로서 의존하는 것과 노예로서 예속당하는 것의 차이를
잘 가르쳐 주었다

주인의 횡포는 내가 좋아했을 일을 마침내 참을 수 없는 것으로 만들어버렸고, 거짓말과 게으름과 도둑질처럼 내가 본질적으로 싫어했던 악덕들에 빠지게 했다. 이 시기에 내게서 일어났던 변화들을 회상하는 것만큼 내게 자식으로서 의존하는 것과 노예로서 예속당하는 것의 차이를 더 잘 가르쳐 주었던 것은 없다. 나는 원래 소심하고 수줍음이 많아서 온갖 결점들 중에서도 뻔뻔스러움에 대해 가장 큰 혐오감을 갖고 있었다. 나는 절제 있는 자유를 누려 왔고 그 자유는 다만 그때까지 점점 줄어들고 있었을 뿐이었는데, 이제는 마침내 완전히 사라져 버렸다. 나는 아버지 밑에서 마음대로 살았고, 랑베르시에 씨 집에서는 자유로웠으며, 외삼촌 집에서는 얌전했다. 나는 생활방식에서 윗사람들과 온전히 평등하여 내게 금지된 즐거움은 알지 못했고, 내 몫으로 돌아오지 않는 음식은 보지 못했으며, 내가 겉으로 드러내지 않는 욕망은 하나도 없었다.

가지려고 탐을 내더라도 가질 수 없을 때
훔치는 악행으로 빠져든다

이렇게 나는 남의 것을 탐내고 다른 사람들의 눈을 피해 속이며 거짓말하고 급기야 훔치는 것까지 배우게 되었다. 훔치는 것은 이때까지 없었던 버릇이었는데, 그 이후로도 그 버릇을 완전히 고칠 수는 없었다. 가지려고 탐을 내더라도 가질 수 없을 때 당연히 이런 악행으로 빠져든다. 그렇기 때문에 하인들은 모두 사기꾼이고 견습공들도 그럴 수밖에 없다. 하지만 견습공들이 평등하고 마음껏 가질 수 있는 상황에서 자란다면 그런 부끄러운 성향은 사라질 것이다. 하지만 나는 그런 좋은 조건을 갖지 못했기 때문에 결코 그와 같은 이득을 얻지 못했다.

.

돈은
내 즐거움을 망쳐 버린다

내 주된 취향들은 그 어느 것도 돈을 주고 살 수 있는 기쁨들이 아니다. 돈은 즐거움을 망쳐 버린다. 나는 그 기쁨들을 순수하게 간직해야만 한다. 예를 들면 나는 식사의 즐거움을 좋아한다. 하지만 상류사회의 거북한 모임이나 선술집의 방탕함은 참을 수 없고, 친구 한 명과 식사를 할 때에야 비로소 그 즐거움을 맛볼 수 있다. 친구가 한 사람 필요한 까닭은 나 홀로는 그런 즐거움을 맛보기 힘들기 때문이다. 혼자 있으면 내 상상력이 다른 곳에 쏠려 먹는 즐거움을 찾을 수 없다.

돈을 주고 산 여인은 나에게 아무런 매력도 주지 못한다. 나의 불타는 가슴은 사랑 없이는 채워질 수 없다. 그런 것은 모두 다른 즐거움과 마찬가지이기 때문에 정말로 공짜가 아니라면 아무런 재미도 없을 것이다.

돈은 나에게 무척 불편한 동산(動産)이기 때문에
내게 없는 돈은 바라지도 않는다

이것을 이해하고 나면, 이른바 나의 명백한 모순적인 성격들 중 하나를 쉽게 이해할 것 같다. 그것은 돈을 더할 바 없이 경멸하면서도 더불어 거의 치사스러울 정도로 인색하다는 것이다. 돈은 나에게 무척 불편한 동산(動産)이기 때문에 내게 없는 돈은 바라지도 않으며, 돈이 있을 때는 혼자서 돈을 쓸 줄 몰라 쓰지도 못하고 오랫동안 간직한다. 그러나 돈을 쓰기에 적합하고 유쾌한 기회가 오면 그것을 잘 이용하기 때문에 나 자신도 모르는 사이에 지갑이 텅 비어 버린다. 그렇다고 내게서 으스대며 돈을 쓰는 구두쇠들의 나쁜 버릇을 찾으려고 하면 곤란하다. 정반대로 나는 은밀히, 그리고 즐거움을 위해서 돈을 쓴다. 돈을 쓰는 것을 자랑하기는커녕 숨기려고 애쓴다. 돈은 나의 목적에 답을 주지 못하며, 돈을 가지고 있다는 것이 거의 부끄러울 정도이고, 더구나 그것을 사용한다는 것은 훨씬 더 부끄러운 일이라 여기고 있다.

소유하는 즐거움은
그것을 얻는 데 들어간 수고를 보상해 주지 않는다

나의 욕심 없음은 사실 게으름에 지나지 않는다. 소유하는 즐거움은
그것을 얻는 데 들어간 수고를 보상해 주지 않는다. 그리고 나의 낭비
도 게으름의 또 다른 형태에 지나지 않는다. 기분 좋게 돈 쓸 기회만
생기면 누구보다도 더 그것을 최대한 활용하기 때문이다. 내가 돈보다
더 물건에 끌리는 것은 돈과 원하는 소유물 사이에는 항상 매개물이
존재하지만, 물건 자체와 그것의 향유 사이에는 매개물이 전혀 없기 때
문이다. 물건을 보면 난 그 물건이 내 마음이 든다. 하지만 그것을 얻
는 방법만을 보면 그건 내 마음에 들지 않는다. 그래서 난 좀도둑이 되
었고 지금도 내 마음을 끄는 사소한 것들을 가끔씩은 슬쩍 훔치기도
한다. 난 그것들을 달라고 애걸하는 것보다는 오히려 훔치는 것이 더
편안하기 때문이다.

상상의 대상들을 사랑하고 또 그것들에 몰두한 나는
내 주위의 모든 것들에 싫증을 느끼고
고독에 대한 취향을 굳히게 되었다

충족되지 않은 나의 상상력은 나 자신으로부터 나를 구해내고, 점점 늘어가는 관능을 진정시키는 데 도움이 되는 방책을 세워 주었다. 그것은 내가 읽은 책들에서 흥미를 끌었던 상황들에 몰두하여 그것들을 다시 불러내 다양하게 결합시키면서 내 것으로 응용하는 것이다. 그리하여 마침내 나는 내가 공상하는 인물들 중 하나가 되고, 항상 내 취향에 맞는 가장 기분 좋은 상황에 있으며, 결국 내가 성공적으로 나 자신을 놓이게 한 허구적 상태가 불만스러운 내 현실적 상태를 잊게 해 주었다.

이처럼 상상의 대상들을 사랑하고 또 그것들에 쉽게 몰두한 나는 마침내 내 주위의 모든 것들에 싫증을 느끼게 되었고, 이후부터 줄곧 내게 따라다닌 고독에 대한 취향을 굳히게 되었다. 이러한 성향은 겉으로 보기에는 매우 염세적이고 침울하지만 사실은 너무나 다정다감하며 사랑이 넘치는 마음에서 우러나오는 것이다. 그리고 이러한 마음은 자기와 닮은 실재 대상을 찾을 수가 없기 때문에 할 수 없이 허구를 먹고사는 것이다.

나는 충분한 상상력을 갖고 있기 때문에
실제 내가 어떤 상태에 있는가는
그리 중요하지 않았다

나는 어떤 상황이라도 모두 미화할 수 있는 풍부한 상상력, 즉 내 멋대로 이 상태에서 저 상태로 옮겨 가기에 충분한 상상력을 갖고 있기 때문에 실제 내가 어떤 상태에 있는가는 그리 중요하지 않았다. 내가 실제로 있는 장소에서 아무리 허황된 공중누각까지라도 거리가 그리 멀지 않아 쉽사리 그곳으로 옮겨 가 자리를 잡을 수 있었다.

바로 이런 이유 때문에 가장 소박한 직업, 근심 걱정이 가장 적은 직업, 정신을 가장 자유로운 상태로 놓아 두는 직업이 내게 가장 어울린다는 결론을 내렸다.

제 2 권

1728

APHORISMS FROM THE CONFESSIONS OF JEAN-JACQUES ROUSSEAU

1728년 3월 14일 루소는 더 이상 버티지 못하고 제네바에서 도망쳤고 일주일 후 선교사 퐁베르 씨를 만난다. 그는 루소에게 한 여인을 소개해 주었는데, 그녀가 바로 루소가 어머니이자 평생의 연인으로 삼은 바랑 부인이었다.

루소는 『고독한 산책자의 몽상』에서 바랑 부인과 운명적인 첫 만남을 이렇게 회상하고 있다.

"오늘은 성지주일(聖枝主日, Palm Sunday; 예수가 십자가형을 앞두고 예루살렘에 갈 때, 군중들의 환영을 받은 일을 기념하는 날)로 내가 바랑 부인을 만난 지 딱 50년이 되는 날이다. 그녀는 당시 스물여덟 살이었다. 나는 열일곱 살이 채 못 되었지만 막 나타나기 시작한 관능적인 욕구는 내 마음에 활기를 불어넣어 주었다. …… 그러나 더욱 놀라운 것은 이 최초의 순간이 일생 동안 나를 결정했고, 불가피한 연쇄에 의하여 내 남은 생의 운명을 만들어냈다는 것이다."

루소는 바랑 부인의 주선으로 토리노의 수도원에 들어가 가톨릭으로 개종하고 '장 요셉'이라는 세례명을 받았다.

그는 두 달 동안의 수도원 생활을 마치고 토리노를 전전하다 콘트라 노바 거리에서 가게를 하던 여주인 바질 부인을 만나 짧은 정신적 사랑을 느끼기도 했는데, 이때를 이렇게 회상하고 있다.

"그녀 곁에 있을 때는 모든 것이 애정의 표시였다. 손가락을 조금 움직이고 손을 내 입술에 지그시 누른 것이 내가 일찍이 바질 부인으로부터 받았던 유일한 애정 표시이지만 이러한 사소한 애정 표현을 생각할 때마다 지금도 흥분을 느낀다."

그 후 자기를 좋아했던 하숙집 여주인의 소개로 베르첼리스 부인 댁으로 들어가 하인으로 일했다. 하지만 얼마 후 부인이 세상을 떠나자 부인의 시중을 들던 퐁탈 양의 리본을 훔쳤다가 발각된다. 이때 루소는 하녀 마리옹이 자기에게 준 것이라고 우겨 둘 다 쫓겨나고 말았다. 이 일로 그는 평생토록 죄책감에 시달렸고 다음과 같이 참회하기도 했다.

"거짓말에 대한 나의 혐오감은 대부분 내가 그렇게도 흉악한 거짓말을 할 수 있었다는 것에 대한 뉘우침에서 오는 것 같다."

바랑 부인의 초상화

1735–6년 사이에 루소가 바랑 부인과 살던 집.
지금은 루소에게 헌정된 박물관이 되었다

자유를 얻은 나는 자신 있게
세계라는 드넓은 극장으로 들어섰다

내가 소유했다고 여긴 독립이 나를 움직이는 유일한 감정이었다. 자유를 얻은 나는 무엇이든 손에 넣을 수 있다고 생각했다. 나는 자신 있게 세계라는 드넓은 극장으로 들어섰다. 내 재능은 곧 그 공간을 가득 채울 것이다. 발걸음을 내딛을 때마다 향연과 보물과 모험, 내게 봉사할 준비가 되어 있는 친구들, 내게 환심을 사려고 애쓰는 애인들을 찾길 기대할 것이다.

나를 드러내기만 하면 온 세상이 내게 관심을 집중하게 될 것이다. 그렇지만 전 세계가 아니라도 좋았다. 나는 이를테면 전 세계가 그렇게 되지 않아도 좋고, 또 그 정도까지는 필요하지도 않았다. 나는 매력적인 공동체 하나로 족해서 그 외의 것에 신경을 쓰지 않았다. 나는 겸손하게도 내가 군림할 수 있으리라고 확신하는 영역, 비록 조금 좁더라도 내가 중요한 대상이 되고 즐거움의 전형을 가질 수 있는 영역으로 들어갈 것이다. 예를 들면 오직 성 하나가 내 야망의 한계였다. 성주 부부의 귀염둥이가 되고 그 딸의 공인된 애인이며 그 아들의 친구가 되고 이웃 사람들의 보호자가 되면 나는 만족이다. 그 이상 아무것도 더 필요하지 않았다.

아첨, 더 정확히 말해서 비위를 맞추는 것이 젊은이들에게 언제나 악덕인 것만은 아니다

아첨, 더 정확히 말해서 비위를 맞추는 것이 젊은이들에게는 언제나 악덕인 것만은 아니다. 오히려 더욱 많은 경우에 미덕이다. 어떤 사람이 우리들을 친절하게 대하면 우리들은 그에게 끌린다. 그럴 때 양보하는 것은 그 사람을 속이려는 것이 아니라 그가 섭섭하지 않도록 하거나, 선을 악으로 갚지 않도록 하기 위한 것이다.

여인들은 가끔 자신의 목적 달성을 위해
아무것도 허락하지 않고 아무것도 약속하지 않으면서도
남자들이 기대하도록 만들 줄 안다

이러한 행동(개신교에서 가톨릭으로 개종할 의사가 없으면서 그럴 여지가 있는 것처럼 보이는 것)에는 위선적인 동기가 전혀 없었다. 나는 종교를 바꿀 생각이 전혀 없었으며, 그 때문에 쉽사리 친숙해지지 못하고 그것을 깊이 생각할 때마다 어떤 공포감이 들었다. 그리고 분명히 그 두려움 때문에 내가 오랫동안 이러한 생각을 멀리했을 것이다.(하지만 루소는 두 달 후에 개종했다.) 나는 그런 목적을 갖고 내게 애정을 보이는 사람들의 비위를 거스르지 않길 바랐을 뿐이다. 나는 실제보다 더 허술한 듯 행동하면서 그들의 호의를 즐기고 그들에게 성공하리라는 희망을 남겨 두려고 했다.

　이 점에서 나의 잘못은 마치 정숙한 여인들의 교태를 닮았다. 그녀들은 가끔 자신의 목적 달성을 위해 아무것도 허락하지 않고 아무것도 약속하지 않으면서도, 그녀들이 해주려고 하는 것 이상을 남자들이 기대하도록 만들 줄 안다.

바랑 부인의 호의를 얻으려고 책에서 따온 미사여구들을 견습공의 어법에 섞어 가며 내 모든 말솜씨를 발휘했다

처음에 호감을 사지 못할까 두려워 나는 또 다른 유리한 방법을 찾았다. 그래서 웅변조로 된 한 통의 아주 아름다운 편지를 만들었다. 거기서 나는 바랑 부인의 호의를 얻으려고 책에서 따온 미사여구들을 견습공의 어법에 섞어 가면서 내 모든 말솜씨를 발휘했다. 나는 편지 안에 퐁베르 씨의 편지를 끼워 놓고 두려움과 기대감이 섞여 두근거리는 마음으로 그녀를 기다렸다.

그날은 1728년 성지주일(聖枝主日)이었다. 나는 그녀를 뒤쫓아 달려가 그녀를 붙잡고 그녀에게 말을 건다 — 지금도 그곳은 내 기억에 생생하다 — 그곳이 어떤 곳인가? 나는 이후 종종 그곳을 눈물로 적시고 입맞춤으로 뒤덮었다. 왜 나는 이 행복한 장소를 황금 울타리로 둘러쌀 수 없는가?(실제로 루소가 이곳 안시 — 지금 안시Annecy는 프랑스 동부 론 알프스 지방에 있으며, 스위스 제네바에서 남쪽으로 35km 떨어져 있다 — 에 온 200주년을 기념하여 그가 맡았던 곳인 옛 주교관 안뜰에는 황금 울타리가 세워졌다.) 왜 온 지상의 찬사를 이곳으로 끌어올 수 없는가? 인간 구원의 기념물들에 존경을 표하고 싶은 사람이라면 누구나 무릎을 꿇어야만 그곳에 접근할 수 있을 것이다.

불안이나 질투 없이
사랑을 품는다는 것이 가능할까?

나는 욕망 없이 사랑을 품는다고는 말하지 않겠다. 나도 분명히 욕망을 갖고 있었다. 하지만 불안이나 질투 없이 사랑을 품는다는 것이 가능할까? 사람은 적어도 자신이 사랑하는 상대가 자신을 사랑하는지 알고 싶어 하지 않을까? 하지만 그것은 내 스스로에게 자신을 사랑하는지 묻는 것과 마찬가지라서, 한 번도 그녀에게 그런 질문을 던질 생각이 나지 않았다. 그리고 그녀도 결코 그 이상 나에 대해 알려고 하지 않았다. 이 매력적인 여인에 대한 나의 감정에는 분명 어떤 기묘한 것이 있었다. 나중에 사람들은 나의 감정에서 예상치 못한 이상한 것들을 보게 될 것이다.

다른 사람의 불행에서
우리의 행복을 찾는 상황을 주의 깊게 피하라

그것은 나에게 위대한 도덕적 신조를 가르쳐 주었는데, 아마도 실천에서 사용할 수 있는 유일한 것이라 여겨진다. 즉 우리의 의무와 이익이 경쟁하고 있는 상황을, 우리가 다른 사람의 불행에서 우리의 행복을 찾는 상황을 주의 깊게 피하라는 것이다. 그러한 상황에서는 아무리 미덕에 대한 사랑이 진지하더라도 사람은 조만간 자신도 모르는 사이에 나약해져 마음속으로는 여전히 정의롭고 선량하지만, 실제로는 반드시 부당하고 사악해진다.

내 마음속에 강력히 새겨졌기 때문에 그 뒤로 충실하게 실천에 옮겨진 이 원칙은 대중에게서, 특히 아는 사람들 사이에, 나를 가장 괴상하고 아주 미친놈처럼 보이게 만들었던 원칙들 중 하나였다. 사람들은 내가 기발하기를 바라고 다른 사람들과 달리 행동하고 싶어 한다고 의심쩍어했다. 사실 나는 다른 사람들과 같이 행동하거나 달리 행동하는 것을 별로 생각해 본 적이 없다. 진심으로 좋은 일만 하길 바랐다. 다른 사람의 이익과 상반되는 이익이 내게 돌아와서, 비록 본의는 아니지만 그 사람의 불행을 은밀히 바라는 상황들로부터 나는 혼신을 다해 빠져나왔다.

신사인 것처럼 마차에 올라타자
근심, 걱정, 거북함이 함께 마차에 올라탔다

걸어서 여행할 때가 나의 행복한 날들 중 가장 좋았고 무한한 만족을 가져다주었다. 얼마 지나지 않아 곧 의무라든가 용건이라든가 들어야 할 짐 때문에 할 수 없이 신사인 것처럼 행동하고 마차를 타야만 했다. 그랬더니 마음을 괴롭히는 근심, 걱정거리, 거북함이 동시에 나와 함께 마차에 올라탔다. 예전에 걸어서 여행할 때는 가는 즐거움만을 느낀 것에 반해 그때부터는 목적지까지 도착할 필요 이외에 더 이상 다른 것을 느끼지 못했다.

내가 평범한 부류에 섞인 것은 커가면서였지 태어났을 때는 그들과 달랐다

나는 내 나이의 소년이 종교에 대해 가질 수 있었던 모든 것을 가지고 있었다. 심지어는 그 이상이었다. 정말이지 여기서 내 생각을 숨길 필요가 뭐가 있겠는가? 내 어린 시절은 보통 아이와는 전혀 달랐다. 나는 어른처럼 느끼고 생각했다. 내가 평범한 부류에 섞인 것은 커가면서였지, 태어났을 때는 그들과 달랐다. 사람들은 내가 겸손하게 신동이라고 자처하는 것을 본다면 웃을 것이다. 좋다. 하지만 충분히 웃고 난 뒤, 여섯 살에 소설에 매달려 흥미를 느끼고 뜨거운 눈물을 흘릴 정도로 열광하는 아이가 있으면 찾아보시라. 그러면 그때는 나의 터무니없는 허영심을 깨닫고 나의 잘못을 시인할 테니 말이다.

교리상의 신앙은
교육의 결과이다

내 생각에 사람들은 아이의 경우나 심지어 어른의 경우도 신앙을 갖는
것은 날 때부터 교육받은 신앙에 따르는 것이라고 느끼는 것 같다. 그
런데 이러한 신앙심에서 가끔 무엇인가가 제거되는 경우는 있지만 무
엇인가가 덧붙여지는 경우는 드물다. 교리상의 신앙은 교육의 결과이
다. 나를 조상의 종교에 묶어 놓는 이러한 일반적인 원칙 이외에도, 나
는 가톨릭을 (나쁜 의미에서)우대하는 내 고향에 대해 특유한 반감을
갖고 있었다. 사람들은 가톨릭교를 끔찍한 우상숭배라고 했고 우리에
게 그 성직자들을 아주 사악하게 묘사했다.

이러한 감정은 내게 매우 큰 영향력을 미쳐서 처음에는 성당 안을
들여다보기만 해도, 법복을 입은 신부를 만나기만 해도, 행렬의 종소리
가 들리기만 해도 항상 두려움에 몸을 떨어야만 했다. 이런 감정은 도
시에서는 곧 사라졌지만 내가 처음 그 공포감들을 체험했던 소교구들
과 더욱 비슷한 시골 교구들에서는 종종 나를 다시 사로잡았다.

나는 종교가 아무리 진실하더라도
모두 자신의 종교를 팔려는 것이라 느꼈다

어린 나이였지만, 나는 종교가 아무리 진실하더라도 모두 자신의 종교를 팔려는 것이며, 아무리 선택을 잘 한다 하더라도 자신은 성령을 속이는 것이고, 모든 선한 사람들의 멸시를 받으리라는 것을 느꼈다.

이렇게 생각하면 생각할수록 나 자신에 대한 분노는 더욱 커졌다. 그리고 마치 이러한 운명이 내가 만든 것이 아니라는 듯 나를 여기까지 끌고 온 운명을 두고 한탄을 금치 못했다. 이러한 반성이 매우 절실해서 한순간 문이 열린 것을 보았다면 틀림없이 도망쳤을지도 모를 그런 순간들도 있었다. 하지만 나는 그렇게 할 수 없었을 뿐더러 이러한 결심 또한 그렇게 오래가지 못했다.

신은 우리에게 **"내가 너를 심연에서 빠져나올 수 없을 정도로
약하게 만든 것은 심연에 빠지지 않을 만큼
강하게 만들어 놓았기 때문이다"** 라고 대답한다

나를 망친 궤변은 대부분의 인간들에게도 비슷한 영향을 주었는데, 그들은 이미 힘을 쓰기에 너무 늦었을 때 힘이 부족하다고 불평한다. 미덕이란 단지 우리 자신의 과오 때문에 우리에게 힘든 것이며, 우리가 항시 현명하기를 바란다면 별로 유덕할 필요가 없을 것이다. 그러나 쉽사리 극복할 수 있는 유혹들은 쉽사리 우리를 사로잡는다. 우리는 자신이 그 위험을 무시하는 가벼운 유혹에 넘어간다. 자신도 모르는 사이에 우리는 조금씩 위험한 상황에 빠진다. 우리는 엄청난 노력 없이는 스스로 벗어날 수가 없다.

그래서 우리는 마침내 심연에 빠져 신에게 "왜 저를 이토록 약하게 만드셨나이까?"라고 항의한다. 하지만 이런 항의에도 불구하고 신은 우리의 양심에 "내가 너를 심연에서 빠져나올 수 없을 정도로 약하게 만든 것은 심연에 빠지지 않을 만큼 강하게 만들어 놓았기 때문이다"라고 대답한다.

가톨릭 신자들은
자신에게 주어진 결정을 따라야 하지만
개신교 신자들은 자신이 결정하는 법을 배워야 한다

그들은 내가 지식 면에서나 의지 면에서나 예상하던 것만큼 결코 만만치 않음을 알게 되었다. 일반적으로 개신교 신자들이 가톨릭 신자들보다도 교리 교육이 더 잘되어 있다. 이유는 분명하다. 개신교 신자들의 교의는 토론을 요구하지만 가톨릭 신자들의 교의는 순종을 요구하기 때문이다. 가톨릭 신자들은 자신에게 주어진 결정을 따라야 하지만 개신교 신자들은 자신이 결정하는 법을 배워야 한다.

그들도 이러한 사실을 모르는 바는 아니지만, 내 신분이나 연령으로 보아 그 방면에 숙달된 사람들을 무척 어렵게 만들리라고는 생각지도 못했다. 뿐만 아니라 나는 아직 첫 영성체도 받지 않았고 그것에 관련된 교육도 받지 않았다. 그들은 이것도 알고 있었지만 반면 내가 랑베르시에 씨 댁에서 제대로 교육받았고, 무엇보다 이 양반들에게는 몹시 불편한 교회와 제국의 역사를 내 머릿속에 약간 비축하고 있다는 사실을 모르고 있었다. 나는 이 책을 아버지 집에서 거의 외우다시피했는데, 그 후 거의 잊어버렸지만 논쟁이 달아오르자 ― 이 양반들에게는 매우 불행한 일이지만 ― 다시 기억이 났다.

내 시간과 행동의 주인이 된 나는 자원이 넘쳐 흐르고 지체 높은 인물들로 가득 찬 대도시 한복판에 있는 자신의 모습을 보았다

이처럼 순식간에 나의 푸른 꿈은 모두 사라져 버리고 말았다. 그리고 내게 남은 것이라고는 지금까지 믿었던 종교를 버리고 속았다는 기억뿐이다. 눈부신 성공을 꿈꾸다가 더할 나위 없이 비참해진 자신의 모습을 보았을 때, 아침에는 앞으로 살 궁전을 곰곰이 생각하다가 저녁에는 길거리에서 자야 하는 신세로 전락한 자신의 모습을 보았을 때, 틀림없이 내 머릿속에 어떠한 급격한 변화가 일어났으리라는 것은 쉽사리 상상할 수 있을 것이다. 내가 우선 시작한 것은 내 불행이 전부 자업자득이라고 스스로를 꾸짖으면서 내가 저지른 잘못들에 대한 후회가 심해질수록 그만큼 더 쓰라린 절망에 빠지는 일이었다고 사람들은 생각할 것이다.

하지만 사실은 전혀 달랐다. 나는 두 달 동안 완전히 억류 상태(가톨릭으로 개종했던 루소는 두 달 동안 수도원에 있었다)로 보냈었다. 이것은 나에게 새로운 것이었다. 이제 나는 해방되었다. 그리고 내가 가장 강력하게 느낀 감정은 되찾게 된 자유의 기쁨이었다. 오랜 노예 상태로부터 다시 내 시간과 행동의 주인이 된 나는 자원이 넘쳐 흐르고 지체 높은 인물들로 가득 찬 대도시 한복판에 있는 자신의 모습을 보았다. 내가 그들에게 알려지자마자 내 재주와 재능은 그들에게 환영받지 않을 수 없었다.

게다가 나는 기다릴 시간적 여유도 충분히 있었고 주머니에 가지고 있는 20프랑은 써도 바닥이 나지 않을 일종의 화수분(貨水盆)처럼 생각되었다. 이 돈은 아무에게도 알리지 않고 내 마음대로 써도 좋은 돈이었다. 내가 자신을 이토록 부자라고 생각한 것은 처음이었다. 낙담에 빠져 눈물에 젖기는커녕 단지 희망을 바꾸었을 뿐이며, 그것 때문에 자존심이 조금도 상하지 않았다. 내가 이처럼 자신감과 안도감을 느낀 적은 처음이었다. 나는 벌써 출세했다고 믿었고, 또 그것을 스스로 이룬 자신이 대견하다고 생각했다.

사랑하는 정숙한 여인이 주는 쾌락과
견줄 수 있는 쾌락은 없다

내가 세상과 여성들을 더 잘 알게 됨에 따라 그녀(바질 부인)의 이미지는 내 마음속에서 더욱 신선한 광택을 발했다. 그녀에게 경험이 좀 있기만 했어도 어린 연인을 부추기기 위해 달리 행동했을 것이다. 그러나 그녀는 마음은 약했지만 정숙했다. 그녀는 자신도 모르게 자신을 이끄는 애정에 굴복했지만 그것은 십중팔구 그녀가 저지른 최초의 부정이었을 것이다. 그리고 나는 내 수치심보다 그녀의 수치심을 이겨내는 데 힘이 더 들었을지 모르겠다. 그러나 그 정도까지는 가지 않고 그녀 곁에서 형용할 수 없는 단맛을 보았다.

여성들을 소유할 때 내가 느꼈던 모든 것을 통틀어 그 어느 것도 감히 그녀의 옷자락 한 번 제대로 건드리지 못하고 바질 부인의 발밑에서 보냈던 2분 동안의 짧은 순간만 한 것은 없었다. 그렇다. 자신이 사랑하는 정숙한 여인이 줄 수 있는 쾌락과 견줄 만한 쾌락은 없는데, 그녀 곁에 있을 때는 모든 것이 애정의 표시이기 때문이다. 손가락을 조금 움직이고 손을 내 입술에 지그시 누른 것이 내가 일찍이 바질 부인으로부터 받았던 유일한 애정 표시이지만 이러한 사소한 애정 표현을 생각할 때마다 지금도 흥분을 느낀다.

내가 여성들 옆에서 별로 성공을 거두지 못한 것은
언제나 그녀들을 너무 사랑했기 때문이다

나는, 감히 말하자면, 항상 너무나 진지하고 완전하게 사랑하기 때문에 쉽사리 행복해질 수 없었다. 나의 열정보다도 더 강렬한 동시에 더 순수한 열정은 없었으며, 나의 사랑보다도 더 부드럽고 더 진실하며 더 사심이 없는 사랑은 없었다. 나는 사랑하는 여인의 행복을 위해 내 행복을 기꺼이 희생할 것이다. 그녀의 평판이 나에게는 목숨보다도 더 소중했고, 쾌락에서 생겨나는 모든 즐거움을 희생하더라도 한순간이라도 그녀의 안식을 어지럽히려고 들지 않았을 것이다. 이 때문에 여자를 유혹할 때마다 너무나 많은 정성과 주의를 기울이고 너무나 은밀히 해서 하나도 성공할 수 없었다. 내가 여성들 옆에서 별로 성공을 거두지 못한 것은 언제나 그녀들을 너무 사랑했기 때문이다.

자신의 마음은 숨기고 싶어 하면서
다른 사람의 마음을 읽으려는 것은 좋은 태도가 아니다

천성적으로 흉금을 털어놓길 좋아하는 나는 다른 사람과 마음이 맞다고 느끼면 곧바로 그런 감정을 드러내 보인다. 하지만 내 대답에 찬성이나 비난의 표시가 전혀 없는 무미건조하고 냉담한 질문은 내게 조금도 신뢰감을 주지 못했다. 내 수다가 상대의 마음에 드는지 안 드는지 여부를 전혀 알 수 없을 때면 불안해져 내가 생각하는 것을 말하기보다는 내게 해가 될 수 있는 것을 전혀 입 밖에 내지 않도록 애썼다. 다른 사람들의 마음을 알기 위해 이런 냉담한 태도로 사람들에게 질문을 던지는 것이 재치를 뽐내는 여자들에게 상당히 보편적으로 나타나는 나쁜 버릇이라는 사실은 나중에야 알았다. 자기네 감정을 조금도 나타내지 않음으로써 상대의 감정을 더 잘 간파할 수 있다고 생각한다.

그러나 남자는 자신에게 진정한 호감도 없으면서 그저 자기를 수다나 떨게 하려 한다고 생각하면, 거짓말을 하거나 입을 다물거나 더욱더 자신에 대해 조심하게 된다. 그리고 여자의 호기심에 농락되기보다는 차라리 바보로 통하는 편이 훨씬 낫다고 생각한다. 요컨대 자신의 마음은 숨기고 싶어 하면서도 다른 사람의 마음을 읽으려는 것은 항상 좋은 방법이 아니다.

양심의 가책은 고요한 풍요의 햇살 아래서는 잠을 자지만
역경의 폭풍우 속에서는 깨어 있다

내가 어느 책에서 이미 말한 것으로 생각되는데, 양심의 가책은 고요한 풍요의 햇살 아래서는 잠을 자지만, 역경의 폭풍우 속에서는 깨어 있다. 그러나 나는 결코 내가 먼저 나서서 친구의 가슴속에 이런 고백(리본을 훔치고 거짓말을 한 것)을 털어놓고 내 마음의 짐을 덜 수는 없었다. 아무리 가까운 사이라도 그렇게 되지 않았는데, 심지어 바랑 부인에게까지도 그랬다. 내가 할 수 있었던 것이라고는 기껏해야 내가 어떤 잔혹한 행위에 대해 자책하지 않으면 안 된다고 고백한 것이 전부다. 하지만 나는 그 행위가 어떤 것인지 결코 말하지 않았다.

그러므로 그 가책은 지금까지 내 양심에 무거운 짐으로 남아 있다. 따라서 어느 정도는 그것으로부터 벗어나고 싶은 욕구가 '고백록'을 쓰고자 하는 결심에 큰 몫을 했다고 말할 수 있다.

그 기억은 남은 인생 동안
범죄로 이르는 모든 행위로부터 나를 보호했다

어렸을 때 저지르는 진짜 악랄한 짓들은 성인이 되어 저지르는 죄악보다 한층 죄가 무겁다. 그러나 단지 나약함에 불과한 것은 그 죄가 훨씬 가볍다. 그리고 나의 잘못(리본을 훔치고 다른 하녀에게 받았다고 거짓말을 한 것)도 사실 그 이상이 아니었다. 따라서 그 잘못에 대한 기억은 나쁜 짓 그 자체보다 그것이 틀림없이 야기시켰을 해악 때문에 더 나를 괴롭힌다.

하지만 그런 기억은 심지어 나에게 도움이 되기도 했다. 내게는 일찍이 저질렀던 단 한 가지 죄악에 대한 무서운 인상이 남아 있는데, 그 기억은 이후 일생 동안 그 무서운 인상을 통해 모든 범죄 행위로부터 나를 보호했기 때문이다. 또 거짓말에 대한 나의 혐오감은 대부분 내가 그렇게도 흉악한 거짓말을 할 수 있었다는 것에 대한 뉘우침에서 오는 것 같다. 그 죄가 속죄할 수 있는 것이라면, 나의 말년을 괴롭히는 그렇게나 많은 불행들로, 또 어려운 상황 속에서도 40년 동안 지켜온 정직함과 명예로 속죄를 받아야만 한다.

제 3 권

1728~1730

도둑질과 거짓말 때문에 베르첼리스 부인 집에서 쫓겨난 루소는 그곳에서 만났던 사부아의 갬 신부가 자신에게 가르쳐 준 덕목, 즉 "건전한 도덕적 교훈과 올바른 이성에서 나온 신조"를 얻은 것에 대해 크게 고맙게 생각했다.

　루소는 다시 안시에 있는 예전의 하숙집에 머물며 지루한 나날을 보냈다. 때로는 관능적인 욕구에 사로잡히기도 했는데, 그것으로부터 탈출하려는 루소의 노력은 우스꽝스럽기도 하고 처절해 보이기도 한다.

　이후 슬럼프를 극복한 루소는 라로크 백작의 소개로 구봉 백작 하인으로 들어가 그의 아들 구봉 신부의 서기로 일했다. 이때 루소는 그의 배려로 라틴 어와 이탈리아 어, 그리고 문학 공부에 노력을 기울이게 된다. 그리고 "책은 덜 성급하게 그리고 더 생각하면서 읽으라"고 하는 구봉 신부의 충고를 항상 염두에 두고 독서에도 몰두했다. 하지만 여기서도 견습공 시절의 친구 바클 때문에 오래 있지 못하고 해고당한 뒤 그와 북쪽으로 여행을 떠난다.

　바클과 헤어지고 여행에서 돌아온 루소는 샹베리의 바랑 부인에게 돌아갔다. 바랑 부인에 대한 자신의 애정을 장황하고 애틋하게 묘사하면서 자신과 그녀의 관계를 '쁘띠'(Petit, 아이)와 "마망'(Maman, 엄마)으로 규정하기로 한다. 당시 바랑 부인은 건강상의 이유로 약초에 심취해 있었는데, 루소는 바랑 부인의 환심을 사기 위해 약초 채집과 의학에 관심을 보이기도 한다.

　그 후 바랑 부인의 권유로 성 나자로 교단의 신학교에 입학한다. 하지만 감옥 같은 신학교 기숙사 생활에 적응하지 못하고 곧 쫓겨나고 만다. 신학교를 나온 루소는 음악에 관심을 보였고, 신학교에서 배운 음악 솜씨를 발휘하고자 성가대 지휘자였던 르 메트르에게서 본격적으로 음악을 배운다.

　1730년 봄 바랑 부인은 참사회원들과의 불화로 안시를 떠나 리용으로 가려는 르 메트르에게 루소를 데려가라고 부탁한다. 함께 리옹을 떠나 벨레를 거쳐 리옹에 도착한 루소와 르 페트르는 거기서 얼마간 보냈는데, 르 메트르가 길을 가다가 갑자기 발작을 일으켜 쓰러졌다. 그러자 크게 놀란 루소는 사람들이 몰려드는 틈을 타 그 자리에서 도망쳐 바랑 부인 집으로 되돌아온다. 하지만 바랑 부인은 파리로 떠나고 집에 없었다.

약제실에서 루소에게 장난치는 바랑 부인

내 머릿속은 끊임없이
처녀와 부인들로 가득 차 있었다

마음이 조마조마하고 정신을 집중하지 못하고 몽상에 잠겼다. 눈물을
흘리고, 한숨을 짓고, 콕 집어 말하지는 못하겠지만 뭔가 허전하다는
것을 느끼는 어떤 행복을 바랐다. 이러한 상태를 표현할 수 있는 사람
들은 별로 없다. 왜냐하면 사람들은 대부분 괴로우면서 동시에 즐거운
삶의 충만함을 느낄 수 없기 때문이다. 내 머릿속은 끊임없이 처녀와
부인들로 가득 차 있었다. 하지만 어떤 의미에서 그것은 나에게 특이했
다. 이러한 상상들은 내 관능적 욕망에 집요하고도 불쾌한 행위로 남
아 있었는데, 다행히도 내게 그것으로부터 벗어나는 방법을 가르쳐 주
지는 않았다.

지나치게 높이 날아오르려고
애쓰면 추락할 위험이 있다

내 취향과 사상이 잇따라 나타나는 순서로 볼 때, 나는 너무 고상하거나 너무 천박했다. 아킬레우스(Achilleus; '트로이 전쟁'의 영웅으로 용감무쌍한 전사의 본보기이다.)가 아니면 테르시테스(Tersites; 트로이 전쟁에 참가한 그리스의 병사로, 계급이 낮은 평민에 지독한 독설가이자 수다쟁이였다.) 즉 영웅이 되었다가 또 천덕꾸러기가 되기도 했다. 갬 신부는 너그러이 용서하지도, 또 용기를 꺾지도 않으면서 나를 온당하게 대접해 내 자신에게 보여주려고 애썼다.

현명한 사람은 역경에 처했을 때 어떻게 행복을 추구할 수 있고, 또 그 행복에 도달하기 위해서는 어떻게 역풍을 거슬러가야 하는지, 어째서 지혜 없이는 진정한 행복이 있을 수 없는지, 어째서 지혜가 모든 상황에 적합한지 등을 내게 가르쳐 주었다. 그는 다른 사람들을 지배하는 사람들이 지배받는 사람들보다 더 현명하거나 행복하지 않다는 것을 증명하여 위대함에 대한 나의 예찬을 상당히 누그러뜨려 주었다.

그가 내게 말한 것 중에서 자주 기억에 떠오르는 것 한 가지는, 만약 우리가 다른 사람들의 마음을 읽을 수 있다면, 위로 올라가기를 바라는 사람보다는 아래로 내려가려는 사람들이 더 많다는 걸 깨달아야 한다는 것이다. 이러한 고찰의 진실성은 정곡을 찌르는 것으로, 내가 지금의 처지에 만족하도록 하는 데 평생 큰 도움이 되었다.

그는 내게 상대적 의무들에 대한 올바른 개념을 최초로 심어 주었는데, 나의 과대망상적인 천성은 그것을 단지 극단적으로만 이해해 버렸다. 숭고한 미덕에 대한 열광은 사회에서 별 소용이 없다는 것, 지나치게 높이 날아오르려고 애쓰면 추락할 위험이 있다는 것, 사소한 의무들을 지속적으로 행하고 그것을 항상 제대로 완수하려면 영웅적 행위만큼이나 힘이 필요하다는 것, 명예와 행복을 얻는 데도 그렇게 하는 것이 더 유리하다는 것, 이따금 사람들의 감탄을 사기보다는 늘 사람들의 존경을 받는 편이 훨씬 더 났다는 것 등을 그는 내게 깨우쳐 주었다.

"자네의 첫 출발이
사람들이 자네에게 기대할 일의 척도가 된다네"

갬 씨의 가르침이 내 마음에 깊은 감명을 주었고, 때로는 그 교훈이 너무 좋아서 다시 그것을 들으려고 집을 빠져나갔다. 내가 그렇게 몰래 빠져나가는 것을 본 사람들도 내가 무얼 하러 나가는지 별로 짐작하지 못했던 것 같다. 그가 내 행동에 대해 충고한 말보다 더 사려 깊은 것은 있을 수 없다. 나의 첫출발은 훌륭했다.

나는 부지런하고 세심하며 열정적이었기 때문에 모든 사람의 마음에 들었다. 갬 신부는 내게 이러한 최초의 열성을 절제해서 그것이 느슨해지지 않도록 하고 또 그것이 사람들의 눈에 띄지 않도록 하라고 충고한 적이 있다. 그는 이렇게 말했다. "자네의 첫 출발이 사람들이 자네에게 기대할 일의 척도가 된다네. 자네의 주의력을 점점 더 키우도록 노력하고, 결코 주의력이 산만해지지 않도록 조심하게나."

망상은
마치 내가 평소에 즐겨 하던 생각들이
올바른 것처럼 착각하게 만든다

그 당시 내 망상이 어느 정도였는가를 이해하기 위해서는, 내 마음이 극히 사소한 일에도 얼마나 흥분하기 쉬운가를, 또 가장 마음이 끌리는 대상을 상상하면서 그 속에 얼마나 강렬하게 빠져드는지를 알아야만 한다. 이때는 아주 우스꽝스럽고 유치하며 무의미한 계획들이라도 마치 내가 평소에 즐겨 하던 생각들이 올바른 것처럼 착각하게 만들고, 그것을 달성하기 위해서는 모든 것들을 희생하는 것도 상관없다고 생각하게 만든다. 나는 그것에 대해 내 마음대로 상상의 날개를 펴서 거기 전념하는 것이 그럴듯하게 보이게 된다. 열아홉 살 가까운 나이(실제 나이는 17세였다)에 빈 유리병을 앞으로의 생계의 밑천으로 삼을 수 있다고 생각하는 어리석은 사람이 있다면 믿겠는가?

재물에 저항할 수 있는 내 영혼은
재물에 관계되지 않는 행복과 불행만을
진정한 행복과 불행으로 인정했다

나는 자부심을 가진 만큼이나 진실로 말하는데, 내 평생 어느 때든 이익에 마음이 피고 빈궁에 마음을 조인 적은 한 번도 없었다. 파란만장했던 인생길에서 종종 안식처도 빵도 없이 지내기도 했지만 언제나 풍요와 고통을 똑같이 보아왔다.

필요하다면 나도 다른 사람들처럼 동냥도 하고 도둑질도 할 수 있었을 것이다. 하지만 그렇게 할 수밖에 없다고 해서 마음이 흔들리지는 않았을 것이다. 평생 나만큼 탄식하고 눈물을 많이 흘린 사람은 거의 없을 것이다. 그러나 결코 가난이나 가난에 떨어진다는 두려움으로 한숨을 내쉬고 눈물을 뿌렸던 적은 없었다. 재물에 저항할 수 있는 내 영혼은 재물에 매달리지 않는 행복과 불행만을 진정한 행복과 불행으로 인정했다. 그리고 생활에 필요한 것들을 모두 가지고 있을 때, 내가 이 세상 사람들 중에서 가장 불행하다고 느꼈다.

감정은 오로지 그 결과에 의해서만
설명되는 법이다

감히 말하건대, 사랑만을 느끼는 사람은 인생에 더 감미로운 감정을 못 느낀다. 하지만 나는 또 다른 감정을 알고 있다. 아마 사랑보다는 덜 격렬할지 모르지만 그보다 천 배나 더 감미롭다. 이것은 때로 사랑과 결부되기도 하지만 대개 사랑과는 별개이다. 이 감정은 단지 우정만은 아니다. 그보다는 더욱 관능적이고 더욱 다정다감하다.

나는 이 감정이 동성들 사이에는 존재할 수 없다고 생각한다. 친구라고 하면 적어도 나는 누구 못지않게 진실한 친구였다. 그렇지만 나는 내 친구들 중 누구의 곁에서도 결코 그러한 감정을 느껴본 적이 없었다. 이것은 분명하지는 않지만 뒤에 가면 분명해질 것이다. 감정은 오로지 그 결과에 의해서만 설명되는 법이다.

아, 슬프도다!
가장 영속적인 나의 행복은 오로지 꿈속에만 있었다

거기서 나는 내 마음이 바랄 수 있는 모든 극진한 행복을 소유하고, 말로 표현할 수 없는 환희 속에서, 심지어 관능적 쾌락은 생각조차 하지 않은 채 그 행복을 맛보았다. 일찍이 그때만큼 그러한 몽상의 힘을 빌려 미래를 즐겨 본 기억이 없다. 그리고 훗날 그 기억에서 내게 가장 인상 깊었던 것은 그 몽상이 실현되었을 때 내가 상상했던 것과 너무나 똑같은 상황을 다시 보았다는 것이다. 나는 그토록 행복한 시공 속으로 옮겨진 나 자신을 황홀경 속에서 깨닫게 된다. 거기서라면 내 마음은 지금까지 갈구해 오던 온갖 극진한 행복을 누리면서 이루 형용할 수 없는 황홀경에 빠져 행복을 맛보았을지도 모른다.

백일몽이 예언적 환각을 닮은 적이 있다면, 이것이야말로 확실히 그런 것이었다. 다만 내 예상에서 어긋난 것은 상상이 지속되는 기간이었다. 현실은 찰나에 불과했지만, 백일몽 속에서는 며칠이든 몇 해든 그리고 인생 전체든 더할 나위 없이 완벽한 평온 속에서 흘러갔기 때문에, 나는 상상의 기간 동안에 현혹을 당하기만 했다. 아, 슬프도다! 가장 영속적인 나의 행복은 오로지 꿈속에만 있었다. 그리고 그 행복이 거의 이루어지려는 순간 꿈에서 깨어났다.

바랑 부인은 나에게 가장 고약한 약들을 맛보게 했다.
싫다고 저항해도 소용이 없었다

의학에 대한 선천적 비호감이 끊임없이 우리에게 그런 우스꽝스러운 장면을 연출하도록 만들고, 그런 광경들이 내가 의학에 대해 진지하게 생각할 수 없도록 만들지만 않았더라도 의학 공부를 좋아하게 되었을지도 모른다. 의학이라는 기술이 환희를 제조해 낸 것은 아마 그때가 처음일 것이다. 나는 의학서적은 냄새로 구별된다고 아는 척했는데, 재미있는 것은 내가 그 점에서 거의 실수한 적이 없었다는 사실이다.

바랑 부인 나에게 가장 고약한 약들을 맛보게 했다.(바랑 부인은 자신의 병 때문에 각종 약초에 관심이 많았다) 도망을 다니면서 싫다고 저항해도 소용이 없었다. 아무리 버티고 인상을 찌푸리다가도, 아무리 싫다고 이를 악물다가도, 약 묻은 예쁜 손가락이 내 입 가까이 오면 결국에는 입을 벌리고 빨지 않을 수가 없었다. 우리가 약품 제조기가 있는 방에서 웃음을 터뜨리며 이리저리 뛰어다니고 소리 지르는 것을 누군가가 들었다면, 그는 우리가 거기서 아편제(阿片製)나 묘약을 만들고 있는 것이 아니라 무슨 소극(笑劇)을 공연한다고 생각했을 것이다.

감정은 번개보다도 더 빨리 나의 영혼을 채우지만
나를 밝히기는커녕 나를 불태워 눈을 멀게 만든다

내 안에는 거의 양립할 수 없는 두 가지가 결합되어 있는데, 나 자신도 왜 그런지 이해할 수 없다. 나의 기질은 아주 불같고, 나의 열정은 활기차고 격렬하지만, 나의 사유는 천천히 생겨나고 불분명하며 사후(思後)에야 비로소 나타난다. 나의 감성과 오성(悟性)은 동일한 개인에게 속하는 것이 아닌 것처럼 보인다. 감정은 번개보다도 더 빨리 나의 영혼을 채우지만, 그것은 나를 밝히기는커녕 나를 불태워 눈을 멀게 만든다. 나는 모든 것을 느끼지만 아무것도 보지 못한다. 나는 성질이 온화하지만 머리는 둔하다. 나는 생각하기 위해서는 냉정해져야 한다. 놀라운 사실은 사람들이 기다려 주기만 하면 나의 직관은 명료하고 통찰력이 있다는 것이다. 그래서 여유가 있을 때는 훌륭한 즉흥시도 짓지만, 즉석에서는 가치 있는 무언가를 쓰거나 말하는 적이 없었다.

내가 글을 쓰는 때는 바위와 수목 사이를 산책할 때와
밤에 침대에서 잠을 이루지 못하는 동안이다

지우고 갈겨쓰고 뒤섞이고 알아볼 수 없는 내 원고들은 내가 그것들을 쓰면서 얼마나 고생했는가를 말해 준다. 어떤 원고든 인쇄에 들어가기 전에 네댓 번씩 다시 옮겨 써야 했다. 손에 펜을 쥐고 책상과 종이를 대하면 아무것도 쓸 수 없었다. 내가 글을 쓰는 때는 바위와 수목 사이를 산책할 때와 밤에 침대에서 잠을 이루지 못하는 동안이 틀림없다. 특히 언어에 대한 기억력이 전혀 없어 평생 6행시 한 구절도 외울 수가 없었던 나 같은 사람에게 그것이 얼마나 느렸는지 짐작이 갈 것이다. 내가 쓴 문장들 중에서는 대여섯 밤에 걸쳐 머릿속에서 계속 다듬은 후에야 종이에 옮겨 놓은 것도 있을 정도다. 서간문처럼 어느 정도 가볍게 써야 하는 것들보다도 더 노력이 필요한 저작에서 더 좋은 성과를 거두는 것도 바로 이 때문이다. 서간문은 내가 결코 성공할 수 없었던 분야이고 그것을 일삼아 강제로 쓰는 것이 내게는 고역이었다. 아무리 사소한 내용의 편지라도 반드시 몇 시간의 노고를 들여야 하고, 혹은 즉흥적으로 쓰려고 하면 시작과 끝을 어떻게 해야 할지 모르겠다. 내 편지는 길고 혼란스럽고 행간의 표현들이 연결이 안 되어 거의 이해할 수가 없다.

나는
기억 속에서만 분별력을 갖는다

나로서는 생각을 표현하는 것이 고통스러울 뿐만 아니라 그것을 받아들이는 데도 곤란을 느낀다. 나는 인간들을 연구해 왔기 때문에 스스로 꽤 괜찮은 관찰자라고 생각하고 있다. 하지만 지금 눈앞에 보이는 것은 아무것도 이해할 수가 없다. 나중에 회상하는 것만이 제대로 이해된다. 나는 기억 속에서만 분별력을 갖는다. 사람들이 말하는 모든 것과 내 앞에서 일어나고 있는 모든 것들에 대해 나는 아무것도 느끼지 못하고 아무것도 통찰하지 못한다. 외적 특징만이 내 주의를 끈다. 그런 다음엔 이 모두가 내 기억 속으로 되돌아온다. 장소, 시간, 말투, 시선, 몸짓, 정황을 떠올리면서 나는 이 모두를 소홀히 하지 않는다. 그러면 사람들이 했던 행동과 말로부터 그들이 생각했던 것을 알아낸다. 그리고 내가 실수하는 일은 거의 없다.

대화를 할 때 적절하게 말하려면
동시에 온갖 것들을 생각해야만 한다

혼자 있을 때도 거의 내 정신을 유지하기 힘든데, 대화에서는 어떨 것인지 판단하기 바란다. 대화를 할 때 적절하게 말하려면 동시에 온갖 것들을 생각해야만 한다. 그렇게나 많은 예법들을 생각만 해도 주눅이 들기에 충분하다. 적어도 예법들 중 몇 개는 까먹을 것이 분명하기 때문이다. 어떻게 사람들이 큰 사교 모임에서 감히 말을 할 수 있는지 나로서는 이해할 수조차 없다. 거기서는 말할 때마다 거기 있는 사람들을 모두 훑어보아야만 하며, 어떤 사람의 비위를 상하게 할 수 있는 말을 피하기 위해서는 그들의 성격과 내력을 필히 알고 있어야 하기 때문이다.

이런 점에서는 사교계에서 사는 사람들이 대단히 유리하다. 그들은 입을 다물 자리를 잘 알고 있기 때문에 자기들이 하는 말에는 더욱 확신이 있다. 그럼에도 불구하고 그들조차 실언을 하기 마련이다. 하물며 하늘에서 그곳으로 뚝 떨어져 어쩔 줄 모르는 사람은 어찌하겠는가. 아무 탈 없이 10분 동안 말한다는 것은 거의 불가능한 일이다.

자신의 어리석음을 극복하려고 하거나 숨기려고 애쓰면 오히려 대개 그것을 드러내고 만다

단둘이서 대화할 때면 더욱 괴롭게 여겨지는 불편이 있는데, 그것은 어쩔 수 없이 계속 말을 해야만 한다는 것이다. 상대가 말할 때는 대답을 해야 하고, 상대가 말이 없을 때에는 이쪽에서 대화를 계속해야 한다. 이런 참을 수 없는 구속만으로도 나는 사교에 혐오감이 들기 충분했다. 즉석에서 계속 말을 지껄여야만 한다는 의무보다 더 끔찍한 고통은 없다고 생각했기 때문이다. 예속이라면 어떤 것이든 죽기보다 싫어하는 내 성격과 이러한 것이 관련이 있는지 없는지는 잘 모르겠다. 하지만 내가 꼭 말을 해야만 한다는 것만으로도 반드시 어리석은 말을 하기에 충분하다.

더욱 치명적인 것은 할 말이 아무것도 없을 때는 그냥 입을 다물고 있을 줄 알면 좋지만, 오히려 그럴수록 더욱 빨리 빚을 갚을 양으로 말하고 싶어 어쩔 줄을 모른다는 것이다. 나는 마음이 급해져 생각 없는 말을 재빨리 지껄여 댄다. 그 말이 전혀 아무런 의미도 없다면 그나마 다행이다. 자신의 어리석음을 극복하려고 하거나 숨기려고 애쓴다면 오히려 대개 그것을 드러내고 만다.

그 생생한 기억은 나를 다시 바로 그곳으로 데려갔고
수없이 나를 매혹시켰다

6개월 내내 엄마(바랑 부인) 집에나 성당에 가는 일 외에는 단 한 번도
외출한 적이 없다. 또 외출하고 싶은 생각도 없었다. 이때가 내가 가장
조용하고 가장 유쾌하게 회상하는 기간들 중 하나였다. 내가 처해 있
던 여러 가지 상황들 가운데 너무나 커다란 행복감이 뚜렷이 남아 있
어 그 상황을 회상할 때마다 아직도 지금처럼 느껴져 흐뭇해진다.

나는 그 시간과 그 장소와 그 사람들을 생생하게 기억할 뿐만 아니
라 주위의 모든 사물, 공기의 온도와 냄새와 색채, 그곳이 아니고는 느
낄 수 없는 그 장소에 특유한 어떤 인상을 떠올린다. 그리고 그 생생한
기억은 나를 다시 바로 그곳으로 데려간다.

예를 들면 이 성가대 학교에서 연습한 모든 것, 성가대에서 노래 부
른 모든 것, 거기서 했던 모든 일, 성당 참사회원들의 아름답고 고상한
의복, 사제들의 예복, 성가대원들의 뾰족한 모자, 음악가들의 얼굴, 콘
트라베이스를 연주하던 늙은 절름발이 목수, 바이올린을 켜는 금발의
땅딸보 신부, 르 메트르 씨가 칼을 내려놓은 뒤에 평복 위에 걸쳤던 누
더기 카속(cassock: 수탄이라고도 한다. 소매가 길고 몸에 착 달라붙는 예
복으로, 로마 가톨릭 교회에서는 옷을 입는 사람의 직위에 따라 색깔과 장

식이 다르다), 르 메트르 씨가 나를 위해 일부러 지어준 짤막한 독주곡을 연주하기 위해 조그만 리코더를 손에 들고 단상에 있는 오케스트라에 올라갔을 때의 자부심, 그다음에 우리를 기다리던 멋진 오찬, 거기서 느끼는 왕성한 식욕, 이러한 것들이 한 데 엉켜 생생하게 재현되어 실제에서와 마찬가지로, 아마도 그 이상으로 내 기억 속에서 수없이 나를 매혹시켰다.

제 4 권

1730~1731

APHORISMS FROM THE CONFESSIONS OF JEAN-JACQUES ROUSSEAU

루소는 리옹으로 떠났다가 도중에 안시로 돌아왔지만 바랑 부인이 파리로 가고 없자 무척 실망했다. 더구나 쓰러진 르 메트르 씨를 팽개치고 온 터라 마음이 그리 편치 못했다. 애써 태연한 척했던 그는 그 탈출구를 다른 여성들에게서 찾았다. 그라펜리드와 갈레, 이 두 처녀들과 툰에서 즐거운 시간을 보낸 것이다. 하지만 이들과 깊은 관계에 빠져들지는 않았다.

"오! 독자들이여! 착각하지 마시라. 여러분은 손에 입맞춤으로 시작하는 연애에서 쾌락을 얻지만, 나는 손에 입맞춤으로 끝나는 연애에서 더 큰 즐거움을 얻는다."

이 당시 르 메트르와 함께 있을 때 알았던 떠돌이 음악가 방튀르의 소개로 난쟁이 지방법원장 시몽을 만나 문학과 음악 공부를 하는 데 큰 도움을 받았다.

그런 중에 바랑 부인의 하녀 메르스레는 고향 프리부르로 가려고 했고, 이때 루소가 동행하기로 한다. 루소는 그녀를 데려다 주는 도중에 제네바를 지나 니옹에 있던 아버지를 만났다. 루소는 그가 지내온 이야기를 털어놓았고, 아버지는 아들의 장래를 걱정했지만 그의 행보를 말리지는 않는다.

메르스레를 고향으로 데려다 준 루소는 로잔과 뇌샤텔 등지에서 '보소르 드 빌뇌브'(vaussaure de villeneuve)라는 가명을 쓰며 음악 선생으로 생계를 유지한다.

1731년 4월 루소는 그리스정교회 수도원장을 자칭하는 사람을 따라 베른으로 갔다가, 스위스인 고다르 대령의 조카를 돌보는 일을 하기로 하고 파리로 간다. 하지만 고다르 대령의 고약한 성품뿐만 아니라 파리에 대해서도 심한 염증을 느껴 한 줄의 서한시(書翰詩)를 남기고 파리를 떠난다.

"이 방탕함에 곯은 늙은이야, 네 놈은 내가 어리석은 광기로 네 조카를 가르치고 싶은 마음이 생겼다고 생각했더냐!"

상베리로 가기 전에 루소는 바랑 부인의 소식을 듣기 위해 리용을 잠시 들렀다. 그리고 마침내 그해 9월 상베리에서 다시 바랑 부인을 만났고, 곧바로 그녀의 주선으로 사부아 왕국의 경리국장 아래서 토지대장 서기로 일하게 된다. 그 덕분에 루소는 오랜만에 경제적 여유를 갖게 되었다.

버찌나무에 올라간 루소

비열한 행동은 그것을 행한 직후가 아니라 오랜 세월이 흐른 뒤 그것을 회상할 때 고통을 준다

하지만 나는 크나큰 걱정거리도 그리 대단치 않게 여길 나이였기 때문에 이내 위안거리를 찾아냈다. 나도 바랑 부인의 연락처를 알 수 없고 그녀도 내가 돌아왔다는 사실을 몰랐다. 하지만 그녀로부터 곧 소식이 있을 것으로 생각했다. 르 메트르 씨를 저버린 일에 대해서도 모든 점을 고려할 때 그것이 그리 죄가 된다고 생각하지 않았다. 그가 여기서 빠져나갈 때 나는 그에게 도움이 되었으며, 그것이 내게 부여된 유일한 의무였다. 그와 함께 프랑스에 남았다 하더라도 내가 그의 병을 고쳐 주었을 것도 아니고 그의 음악을 지켜 주었을 것도 아니며 단지 그의 지출만 두 배로 늘렸을 것이다. 그러니 그에게 전혀 도움이 될 수 없었을 것이다. 그때 내 사고방식은 이랬다.

그러나 지금은 그런 것들을 달리 본다. 비열한 행동은 그것을 행한 직후가 아니라 오랜 세월이 흐른 뒤 그것을 회상할 때 우리에게 고통을 준다. 죄악에 대한 기억은 조금도 사라지지 않기 때문이다.

"내 입술이 버찌라면 얼마나 좋을까!
내 기꺼이 입술을 그녀들에게 던져 줄 텐데"

점심 식사 후에는 절약을 했다. 아침 식사 때 남겨 두었던 커피를 마시지 않고, 그녀들이 가져온 크림과 과자와 함께 오후에 간식으로 먹으려고 남겨 두었다. 그리고 과수원으로 가서 식욕을 돋우기 위해 버찌로 디저트까지 끝냈다. 내가 나무 위에 올라가 버찌를 따서 그녀들에게 던지면 그녀들은 내게 다시 그 씨를 가지 사이로 던졌다. 한번은 갈레 양이 앞치마를 내밀고 고개를 뒤로 젖힌 상태에서 몸을 잘 드러내 놓고 있었고, 나도 잘 겨냥해서 그녀의 가슴 속으로 버찌 한 송이를 떨어뜨렸다. 그러자 그녀가 웃음을 터뜨렸다. 나는 속으로 중얼거렸다. "내 입술이 버찌라면 얼마나 좋을까! 내 기꺼이 입술을 그녀들에게 던져 줄 텐데."

순결한 품행과 연결된 쾌락도 존재하는데
그것은 다른 어떤 쾌락보다도 우월하다

나는 아까 그녀들에게 붙들렸던 곳 근처에서 그녀들과 헤어졌다. 얼마나 아쉬워하면서 헤어졌던가! 그리고 얼마나 기쁘게 다시 만나기로 했던가! 순수하게 함께 보냈던 시간이 우리에게는 몇 년 동안 맺은 친교와 같았다. 이날의 달콤한 추억은 이 사랑스러운 아가씨들의 마음에 어떠한 부담도 주지 않았다. 우리들 사이를 지배하는 다정한 결합은 강렬한 쾌락에 못지않았으며, 그러한 쾌락과는 함께 존속할 수 없었다. 우리는 부끄러움이나 비밀도 없이 서로를 사랑했으며, 서로의 사랑이 지속되길 바랐다.

순결한 품행과 연결된 쾌락도 존재하는데, 그것은 다른 어떤 쾌락보다도 우월하다. 왜냐하면 그것은 결코 중단되지 않고 작용하기 때문이다. 나도 이렇듯 아름다운 날의 추억이야말로 지금까지 맛본 어떤 즐거움의 추억보다도 더 나를 감동시키고 즐겁게 하며 더욱 마음에 되살아난다는 사실을 잘 알고 있다.

내가 이 매혹적인 두 아가씨들에게 무엇을 바랐는지는 잘 몰랐지만, 아무튼 이 양쪽에게 다 마음이 끌렸다. 그러나 내 뜻대로 조정할 수 있었다면 내 마음이 양쪽으로 나뉘어졌을 것이라고 말하려는 것은 아니다. 나는 속으로 누군가에게 약간 더 애정이 기울어지는 것을 느꼈다. 나는 그라펜리드 양을 애인으로 삼았다면 행복했을 것이다. 하지만 뜻대로 된다면 그녀를 허물없는 말동무로 좋아했으리라고 생각한다. 어쨌든 그녀들과 헤어지면서 나는 이 둘이 없으면 살 수 없을 것만 같았다. 내가 더 이상 그녀들을 보지 못하게 되어 우리의 덧없는 사랑이 끝나리라고 누가 내게 말할 수 있었으랴?

나는 그때 얼마나 착각하고 있었던가!
하지만 이러한 착각은 또 얼마나 당연한 것인가

제네바를 지나면서도 나는 아무도 찾아가지 않았다. 그런데 다리 위에 이르자 나는 뭔가에 애착이 느껴졌다. 이 도시의 성벽을 바라보고 또 그 안으로 들어갈 때마다 항상 벅찬 감동에 심장이 멈추는 것처럼 느껴졌다. 자유의 이미지가 나의 영혼을 승화시키는 동시에 평등과 단결과 미풍양속의 이미지는 눈물이 나도록 나를 감동시켰고, 이 모든 혜택들을 모조리 상실했다는 막심한 후회를 불러일으켰다. 나는 그때 얼마나 착각하고 있었던가! 하지만 이러한 착각은 또 얼마나 당연한 것인가! 나는 이런 것들을 모두 마음속에 간직하고 있었기 때문에 내 조국에서 그것들을 보는 듯했다.

아버지를 두려워하다니
얼마나 잘못된 생각이었던가!

우리는 니옹을 지나가야 했다. 착한 아버지를 만나지 않고 지나간다? 만약 내가 그런 만용을 저질렀다면 나중에 죽도록 후회했을 것이다. 나는 메르스레를 여관에 남겨 둔 채 온갖 위험을 무릅쓰고 아버지를 뵈러 갔다. 그분을 두려워하다니 얼마나 잘못된 생각이었던가! 아버지는 나를 보자마자 그 영혼에 가득히 서렸던 부성애에 휩싸였다. 우리는 서로 껴안고 얼마나 눈물을 흘렸던가! 아버지는 처음에 내가 당신에게 돌아온 것이라고 생각했다. 나는 아버지에게 내 신상 이야기와 결심을 말씀드렸다. 아버지는 내게 닥친 위험들을 설명해 준 다음 철없는 짓은 되도록 빨리 그만두는 것이 상책이라고 말했다. 그렇지만 아버지도 억지로 나를 붙잡고 싶은 마음까지는 없었다. 나는 이 점에서 당신이 옳았다고 생각한다. 그러나 나를 되돌아오게 하기 위해서 당신이 할 수 있었을 모든 것을 다하지 않은 것만은 분명하다. 그것은 내가 이미 발걸음을 내딛었으니 분명 내 생각을 돌이키지 않을 것이라고 판단했기 때문에 그랬는지, 아니면 내 나이쯤 되는 사람을 어떻게 해야 할지 난감해서 그랬는지 알 수가 없다.

나는
그녀를 사랑하게끔 태어났기 때문에
그녀를 사랑했다

모든 여인들은 자기들의 매력으로 내 애정을 얻었고, 내 애정은 오직 그 다른 여인들의 매력에서 나왔기 때문에 그 매력이 없어지면 내 열정은 이내 사라져 버렸을 것이다. 반면에 바랑 부인은 늙고 보기 흉해지더라도 그녀에 대한 내 애정이 식을 수는 없을 것이다. 나는 처음에는 그녀의 아름다움에 바쳤던 경의를 그녀의 인격으로 완전히 옮겨 놓았다.

그녀가 나를 위해 무엇을 했든 상관없이 그것은 언제나 마찬가지였을 것이다. 내가 그녀를 사랑한 것은 의무나 이해관계나 편의 때문이 아니었다. 나는 그녀를 사랑하게끔 태어났기 때문에 그녀를 사랑했다. 내가 어떤 다른 여자와 사랑에 빠졌을 때는 거기에 어느 정도 현혹되어 그녀를 이전처럼 자주 생각하지 않았던 것도 사실이다. 하지만 그녀를 생각할 때는 변함없는 기쁨을 느꼈다. 그리고 내가 사랑에 빠졌든 빠지지 않았든 그녀를 생각할 때마다 만약 그녀와 헤어져 있다면 내 생애에 진정한 행복은 있을 수 없다고 생각했다.

완전한 행복을 누리는 데는 믿을 수 있는 친구 하나,
사랑스러운 여인 한 명, 암소 한 마리,
조그마한 배 한 척이 필요하다

내게서 언제나 달아나 버리지만, 내가 태어날 때부터 추구하던 행복하
고 평온한 생활에 대한 열망이 나의 상상을 부채질할 때 그 상상은 항
상 호수 가까이 있는 보 지방의 아름다운 전원으로 나를 이끈다. 내게
꼭 필요한 것은 다른 호수가 아닌 바로 이 호수의 둑에 자리 잡고 있
는 과수원이다. 그리고 믿을 수 있는 친구 하나, 사랑스러운 여인 한
명, 암소 한 마리, 조그마한 배 한 척이 필요하다. 내가 이것들을 모두
얻었을 때 비로소 나는 지상에서 완전한 행복을 누리게 될 것이다.

이런 상상 속의 행복만을 찾고자 몇 번이고 그곳에 갔던 순진함
을 떠올리면 저절로 웃음이 나온다. 나는 거기에 사는 사람들, 특히 내
가 거기서 찾던 것과는 전혀 다른 기질의 여자들을 보고 매번 놀라곤
했다. 이것이 나에게 얼마나 낯설게 느껴졌는지 모른다. 내 생각에 그
고장과 그 고장에 퍼져 사는 사람들은 결코 서로 맞지 않는 것처럼 보
였다.

파리의 첫인상은 충격적이어서
오래도록 은밀한 혐오로 남았다

파리는 내 예상과 얼마나 어긋났는지! 나는 토리노에서 외부적인 장식, 거리의 아름다움, 대칭을 이루어 나란히 늘어선 집들을 보았기 때문에 파리에서는 그 이상의 다른 것을 찾았다. 내가 그려 왔던 파리는 웅장하고도 아름다우며 장엄한 외관을 가진 도시, 찬란한 거리들과 대리석과 황금으로 된 궁전들만이 눈에 보이는 도시였다. 그러나 변두리 지역인 생마르소를 거쳐 들어가면서 내 눈에 보이는 것은 모두 더럽고 악취를 풍기는 좁은 거리들, 시커멓게 더러워진 보기 흉한 집들, 불결하고 빈곤한 분위기, 거지들, 짐수레꾼들, 헌옷을 수선하는 여인들, 허브 차와 중고 모자를 사라고 악쓰는 여인네들뿐이었다. 이 모든 것들이 맨 처음 내게 너무 강한 충격을 주었기 때문에 이후 파리에서 본 실제로 화려한 그 어떤 것도 이런 첫인상을 지워 버릴 수 없었다. 그래서 이 수도에서 사는 데 대한 은밀한 혐오가 내게 항상 남아 있었다. 그후 내가 파리에서 지낸 모든 세월은 이곳에서 멀리 떨어져 살 수 있는 방법을 찾는 데만 사용되었다고 할 수 있다.

너무 활동적인 상상력의 결과는 바로 이렇다. 그래서 세상 사람들이 과장하는 것 이상으로 과장하고 사람들이 말하는 것 이상의 것을 본다. 사람들이 내게 파리를 하도 자랑하기에 나는 파리를 고대 바빌로니아처럼 상상했던 것이다. 그런데 고대 바빌로니아도 내가 실제로 보았다면 역시 내가 상상했던 것보다 못하다고 여겼을 것이다.

나는 파리에 도착한 다음 날 서둘러 오페라 극장을 찾았는데, 거기서도 똑같은 일이 일어났다. 이후 베르사유에서도 마찬가지였다. 또 후에 바다를 볼 때도 그러했다. 사람들이 지나치게 선전하는 광경을 실제로 본다면 내게는 이와 같은 일이 반복될 것이다. 내 상상력이 지닌 풍요로움을 넘어선다는 것은 인간들로서는 불가능하며 자연 자체로서도 어려운 일이기 때문이다.

그들은 상대방에게 관심을 갖는 척 행동하는데,
사람들은 말보다 그 태도에 더 속게 된다

그렇지만 프랑스 사람에 대해 인정할 것은 인정해야 한다. 그들은 사람들이 말하는 것처럼 맹세를 지키는 데 그다지 노력을 기울이지 않지만, 그들이 하는 맹세는 거의 언제나 진심이다. 그들은 상대방에게 관심을 갖는 척 행동하는데, 사람들은 말보다 그 태도에 더 속게 된다. 스위스 사람들이 하는 상투적인 말은 투박하기 때문에 바보만 속는다. 프랑스 사람들의 태도는 훨씬 꾸밈이 없기 때문에 사람들을 훨씬 더 속게 만든다. 프랑스 사람들은 남을 더 유쾌하게 놀래 주려고 자기들이 해주려는 말을 다 해 주지 않는다고 여길 것이다.

한마디 더하자면 그들이 감정을 표명하는 데는 전혀 거짓이 없다. 그들은 천성적으로 호의적이고 인정이 많으며 친절하고 뭐니뭐니 해도 어느 국민보다 더 진실하다. 그렇지만 또 그들은 경솔하고 변덕스럽다. 사실 그들은 상대에게 보이는 감정을 마음속에 갖고 있다. 하지만 그 감정은 생겨날 때처럼 바로 사라져 버린다. 상대와 말할 때 그들은 오직 상대의 생각만 한다. 하지만 상대가 없으면 금새 그를 잊고 만다. 프랑스 사람들의 마음에는 지속적인 것이란 아무것도 없다. 그들에게는 모든 것들이 순간의 산물이다.

왜 내가 즐겼다는 것을 다른 사람들에게 말하기 위해 지금 맛보는 즐거움의 매력을 날려 버려야 하는가

내 생애에서 재미있는 세세한 일들이 기억에서 사라지니까 여행일기를 써놓지 않은 게 가장 후회스럽다. 내가 감히 이렇게 표현할 수 있다면, 걸어서 여행했을 때만큼 그렇게 충만한 존재감을 느끼며, 그렇게 뿌듯하게 살고, 그렇게 완벽하게 살았던 적은 결코 없었다. 걸을 때는 무엇인가가 내 정신에 생기와 활기를 불어넣어 준다. 움직이지 않고 있으면 거의 생각도 할 수 없다. 내 정신을 움직이기 위해서는 내 육체가 움직여야만 한다. 걸으면서 얻는 전원의 전망과 잇달아 펼쳐지는 상쾌한 경치와 쾌적한 대기와 왕성한 식욕과 넘치는 건강, 여관에서의 자유, 구속당하고 있는 내 처지를 상기시키는 일체의 것에서 멀어지는 것, 이 모든 것들이 내 영혼을 해방시키고 더욱 대담하게 생각할 용기를 북돋아 준다. 말하자면 만유의 광대무변 속에 던져진 나는 아무런 구속이나 두려움 없이 내 맘대로 우주의 모든 것들을 결합하고 선택하며 소유한다. 나는 자연 전체를 내 마음대로 향유하는 것이다. 내 마음은 이 대상에서 저 대상으로 옮겨 다니면서 마음에 드는 것들에 근접하여 하나를 이루고, 매혹적인 이미지들에 둘러싸이며, 감미로운 감정에 도취된다.

내가 그것들을 붙잡아 고정시키기 위해 내 마음속에 그것들을 즐겨 묘사한다면, 그것들에 얼마나 선명한 색채와 강렬한 표현을 부여하겠는가! 사람들은 내 저서들이 만년에 쓰였지만 그 속에서도 그 모든 것들이 약간씩 들어 있다고 말한다. 오! 독자들이 내가 아주 젊었을 때의 작품들을, 여행 중에 쓴 글들을, 구상만 하고 끝내 쓰지 않았던 작품들을 보았다면…… 왜 그런 것들을 쓰지 않느냐고 여러분은 되물을 것이다. 하지만 그런 것들을 왜 써야 하는가? 나는 여러분들에게 "왜 내가 즐겼다는 것을 다른 사람들에게 말하기 위해서 현재 맛보는 즐거움의 매력을 날려 버려야 하는가"라고 대답하겠다.

착상은 제멋대로 떠오르는 것이지
나 좋은 대로 떠오르는 것은 아니다

내가 하늘을 오르는 동안, 독자니 대중이니 세상 전체니 하는 것들이 도대체 나와 무슨 상관이 있단 말인가? 더구나 내가 펜과 종이와 잉크를 지니고나 있었던가? 내가 그런 모든 것을 생각하고 있었더라면 아무것도 떠오르지 않았을 것이다. 착상은 제멋대로 떠오르는 것이지, 나 좋은 대로 떠오르는 것은 아니다. 이것은 영 떠오르지 않거나, 확 밀려들어 그 수나 힘에서 나를 압도한다. 하루에 열 권씩 써도 부족했을 것이다. 그것들을 쓸 시간을 어디서 찾는단 말인가? 도착하면 잘 먹을 것만 생각했고 출발할 때는 우아하게 걷는 것밖에는 생각하지 않았다. 새로운 낙원이 문 앞에서 나를 기다리고 있는 것만 같았다. 그리고 나는 그 낙원을 찾아갈 생각밖에는 아무 생각도 없었다.

이번 돌아가는 길에서만큼 이 모든 것들을 그렇게 절실히 느껴 본 적은 일찍이 없었다. 파리에 올 때는 내가 앞으로 거기서 할 일만 생각했다. 나는 내가 앞으로 정해야 할 직업에 달려들어 상당한 긍지를 갖고 그 길을 두루 거쳤다. 하지만 이 직업은 내 마음에 들지 않았고, 현실적 존재들은 상상적 존재들을 불분명하게 만들었다. 고다르 대령과 그 조카는 나와 같은 영웅과 잘 어울리지 않았다. 하느님 덕분에 나는 이제 이 모든 방해물들로부터 해방되었고, 나는 멋대로 상상의 광야에 몰두할 수 있었다. 내 앞에 남아 있는 것은 그것밖에 없었기 때문이다. 따라서 상상의 나라에 너무 잘 빠지는 바람에 실제로 여러 차례 내 갈 길을 잃어버렸다. 그런데 길을 헤매지 않고 더 곧장 갔으면 매우 유감 이었을지 모른다. 내가 리옹에 도착하면서 다시 현실로 돌아오는 길이 라고 느꼈다면, 나는 결코 거기에 도착하지 않기를 원했을 것이기 때 문이다.

재능이 있는 여성과 나누는 재미있고 사려 깊은 대화는
책에 있는 어떤 현학적 철학보다도
젊은이를 교육시키기에 안성맞춤이다

그녀는 르 사쥬(Alain René Lesage; 1668~1747)의 소설들, 그중에서도 특히 『질 블라스』(Gil Blas; 르사쥬가 쓴 4권의 장편소설)를 좋아해서, 내게 그 이야기를 해주고 그 책을 빌려주었다. 나는 그것을 재미있게 읽었지만 그런 종류의 독서를 할 만큼 아직 성숙하지는 않았다.

나는 이런 식으로 샤틀레 양이 있는 수도원 면회실에서 재미있고 유익하게 시간을 보냈다. 재능이 있는 여성과 재미있고 현명한 대화를 나누는 것은 책에 있는 어떤 현학적 철학보다도 젊은이를 교육시키는 데 안성맞춤이라는 것은 분명하다. 나는 샤자트 수도원에서 다른 원생들과 그들의 여자 친구들을 사귀게 되었다. 그중에서도 특히 열네 살의 소녀인 세르 양과 사귀었는데, 당시에는 그녀에게 별다른 주의를 기울이지 않았지만 8, 9년 후에는 열을 올리게 되었다. 왜냐하면 그녀는 매력적인 소녀였기 때문이다.

내 상상력이 높이 용솟음칠 때는 내 처지가
가장 유쾌하지 못할 때이며, 내 모든 것이 즐거울 때는
내 상상력이 덜 즐거워한다

정말 이상한 일은 내 상상력이 그토록 높이 용솟음칠 때는 내 처지가 가장 기분이 안 좋거나 유쾌하지 못할 때이며, 반대로 내 주위의 모든 것이 즐거울 때는 내 상상력이 덜 즐거워한다는 것이다. 내 마음은 현실에 따르려고 하지 않는다. 그것은 아름답게 꾸밀 줄 모르고 새롭게 창조하기를 원한다. 실제 대상들은 내 머리에서 있는 그대로 그려질 뿐이다. 내 상상력은 오직 이상적인 대상들만 장식할 줄 안다. 내가 봄을 그리고 싶다면 겨울이어야 한다. 아름다운 풍경을 묘사하고 싶다면 나는 벽에 둘러싸여 있어야만 한다. 내가 이미 수백 번 말했지만 내가 바스티유 감옥에 갇힌다면 나는 거기서 자유의 그림을 그릴 수 있을 것이다.

리옹을 떠나면서 오직 즐거운 미래만이 보였다. 내가 파리를 떠날 때 불만족스러웠던 바로 그만큼 이번 리옹을 떠날 때는 만족감을 느꼈고 또 충분히 그럴 이유가 있었다. 그러나 이번 여행을 하는 동안에는 지난 여행 때 나를 따라다녔던 즐거운 공상에 빠지지는 못했다.

좋은 날씨에 아름다운 고장에서 여유롭게 걸어서
길을 가는 것이야말로 모든 생활양식 중
가장 내 취향에 맞는다

여행 이야기를 할 때면 나는 마치 실제 여행할 때와 같아서 결론에 도달할 줄 모르는 것 같다. 내 사랑하는 바랑 부인에게 가까이 간다고 생각하니 기쁨으로 가슴이 뛰었다. 그렇다고 해서 결코 걸음을 더 재촉하지는 않았다. 나는 편하게 걷는 걸 좋아하고 기분이 내키면 발길을 멈춘다. 방랑생활은 내게 필요하다. 좋은 날씨에 아름다운 고장에서 여유롭게 걸어서 길을 가는 것, 그리고 내 여정의 끝에 즐거운 목적이 있는 것이야말로 모든 생활양식 중 가장 내 취향에 맞는다. 그런데 내가 아름다운 고장이라고 말하는 것이 어떤 곳인가는 이미 여러분들이 알고 있다. 평야 지방은 그곳이 아무리 아름답더라도 내 눈에는 그렇게 보이지 않는다. 내게는 급류들, 전나무들, 울창한 숲들, 오르락내리락하는 산들, 양쪽으로 벼랑이 있어 나를 아찔하게 만드는 험악한 길들이 필요하다. 나는 샹베리에 가까이 가면서 이러한 즐거움을 가졌고 이러한 즐거움이 주는 모든 매력을 맛보았다.

나는 결과의 연쇄를 보여주기 위해서
어디서든지 최초의 원인을 잘 설명하려고 애쓴다

내 소년 시절의 세세한 사연들을 구구절절 늘어놓는 것은 정말 유치하게 보일 것이다. 그에 대해 나도 미안하게 생각한다. 나는 어떤 면에서는 태어날 때부터 어른이었지만 다른 많은 점에서는 오랫동안 어린애였고 지금도 그렇다. 나는 독자들에게 위대한 인물을 보여주겠다고 약속하지는 않았다. 내가 약속했던 것은 있는 그대로의 나를 보여주겠다는 것이었다. 그런데 나이를 먹은 후의 나를 알기 위해서는 젊은 시절의 나를 잘 알고 있어야만 한다. 일반적으로 눈앞의 대상들은 그 추억보다 내게 더 강한 인상을 주지 못하고 (내 모든 생각들은 회상에서 나오기 때문에) 내 마음에 새겨진 최초의 윤곽들은 거기에 뚜렷이 남아 있어서 그 후에 각인된 윤곽들은 앞의 것들을 지우기보다는 오히려 그것들과 결합되었다. 다양한 일련의 감정들과 생각들은 그 뒤에 오는 것들을 계속 수정하기 때문에 뒤의 것을 제대로 판단하기 위해서는 앞의 것을 알아야 한다. 나는 결과의 연쇄를 보여주기 위해서 어디서든지 최초의 원인을 잘 설명하려고 애쓴다. 나는 내 영혼을 독자들의 눈에 투명하게 보이도록 하고 싶다. 그리고 이를 위해서 독자들에게 내 영혼을 모든 관점에서 보여주고 내 영혼에 모든 조명을 밝게 비추어 내 영혼 안에서 독자들이 알지 못하는 움직임은 하나도 없도록 노력하고 있다. 그렇게 해야 독자가 그 결과들을 낳은 원인에 대해 스스로 판단할 수 있기 때문이다.

제 5 권

1732~1739

APHORISMS FROM THE CONFESSIONS OF JEAN-JACQUES ROUSSEAU

사부아 왕국의 토지대장 서기로 일하던 루소는 적성에 맞지 않아 1732년 6월에 그 일을 그만두었다. 그리고 바랑 부인의 애인이자 집사였던 클로드 아네(Claude Anet; 1706-1734)의 영향을 받아 식물 연구에 관심을 두었지만 본격적인 공부는 하지 않았고, 대신에 바랑 부인의 관심을 끌기 위해 음악에 전념했다. 루소는 이에 대해 이렇게 말한다.

"특히 그 당시 내게 음악공부가 즐거웠던 것은 바랑 부인과 함께 연습할 수 있었기 때문이었다. 게다가 우리는 서로 취미가 너무 달랐지만 음악이 우리의 연결점이 되었으며 나는 이를 즐겨 이용했다."

그런데 클로드 아네가 1733년 아편을 먹고 자살을 시도한다. 아마도 바랑 부인과 루소의 관계에 질투를 느껴 그랬을 것이라고 추정되는데, 그는 결국 이듬해 3월 알프스에서 사망하고 만다.

1733년 10월에는 폴란드 왕위 계승 문제를 놓고 프랑스와 신성로마제국(독일제국)이 전쟁을 벌였으나 프랑스가 패하고 말았다. 루소는 개인적으로 프랑스가 싫었어도 여전히 프랑스에 대한 애정을 피력했다.

루소는 샹베리에서 계속 음악을 가르치며 생활했는데, 이때 학생들의 어머니들로부터 여러 차례 유혹을 받았지만 스스로 바보 행세를 하면서 위기를 극복한다. 루소는 이때 바랑 부인의 제안으로 그녀와 육체관계를 맺었다고 실토하고 있다. 그는 이것이 바랑 부인이 자신을 다른 여인들의 유혹에서 지켜내기 위한 것이었으며, 또한 그것은 여인의 교태가 아니라 일종의 교육이었다고 주장한다. 하지만 이 사건으로 인해 루소는 죄책감에 시달려야 했다.

그 후 사교나 친구 만들기에 서툴렀던 루소는 일생에서 몇 안 되는 친구를 만났는데, 그가 바로 고프쿠르였다.

"내가 추정하건대 내 오랜 친구 고프쿠르를 처음 사귄 건 바로 이때부터였다. 사람들이 내게서 그를 떼어내기 위해서 노력했음에도 불구하고 그는 항상 내게 남아 주었다. 항상 남아 주었다고! 아니다. 아! 나는 이제 막 그를 잃었다. 하지만 그는 생애가 끝나는 그 순간까지 나를 끊임없이 사랑하고 있었다. 오직 그의 죽음만이 우리의 우정을 끝냈을 뿐이다."

1736년 건강이 나빠진 루소는 바랑 부인에게 한적한 교외로 나가 살 것을 권유하지만, 그녀는 경제적인 이유를 들어 이를 거부한다. 그래서 루소는 샹베리 근처의 레 샤르메트로 가서 한적한 전원생활을 하기로 마음먹는다.

식물들을 채집하는 루소.
그는 한때 식물학자를 꿈꾸기도 했다

볼테르와 언쟁을 벌이는 루소(왼쪽)

여러 해 동안 쌓은 경험도
나의 로맨틱한 이상을
근본적으로 고칠 수가 없었다

내가 스물한 살 때였다. (이때 루소는 프랑스 동부 샹베리에서 토지측량
사로 일했다.) 나이에 비해 내 마음속의 감각은 충분히 계발되었지만
판단력은 너무 부족했다. 그래서 처세를 배우기 위해 내 몸을 의지할
사람의 따스한 손길이 필요했다. 여러 해 동안 쌓은 경험도 아직 나의
로맨틱한 이상을 근본적으로 고칠 수가 없었다. 세상도 인간도 잘 몰
라 온갖 불행을 겪었음에도 불구하고 그것으로부터 어떤 교훈도 얻지
못했기 때문이다.

취미는 열중하는 즐거움 이외에는
아무것도 눈에 들어오지 않을 정도로 심해져
강한 집착으로 이어진다

지적도를 채색하는 측량 기사들의 일은 나에게 그림에 대한 흥미를 되찾게 해주었다. 나는 물감을 사서 꽃과 풍경을 그리기 시작했다. 하지만 온갖 애정을 쏟았음에도 불구하고 미술에 대한 소질이 거의 없음이 판명되어 유감스러웠다. 계속 크레용과 연필과 물감 속에 파묻혀 있었으면 몇 달이고 두문불출했을 것이다. 내가 여기에 너무 집착해서 사람들이 나를 이 일에서 끌어내야만 했다. 그것이 어떤 취미이든 한번 빠지기 시작하면 늘 이런 식이었다. 마침내 내가 열중하는 즐거움 이외에는 아무것도 눈에 들어오지 않을 정도로 심해져 강한 집착으로 이어진다. 나이가 들어도 이런 결점은 고쳐지지 않았을 뿐 아니라 완화되지도 않아서, 이것을 쓰고 있는 지금도 노망한 늙은이처럼 전혀 이해하지도 못하는 또 다른 쓸데없는 공부에 빠져 있다. 젊어서 이런 것에 심취했던 사람들이라도 지금 내 나이쯤 되면 결국 포기하는데 나는 그런 공부를 시작하고 있다.

한때 경멸했던 식물 연구보다
더 내 취향에 어울리는 것은 없다

나는 세상에서 식물 연구보다 더 내 타고난 취향과 어울리는 연구를 알지 못한다. 내가 10년 전부터 전원에서 지내는 생활도 거의 목적도 진보도 없는 지속적인 식물 채집에 지나지 않기 때문이다. 당시 나는 식물학에 대한 개념이 전혀 없었기 때문에 일종의 경멸감 내지는 반감까지 품고 있었다. 식물학은 오로지 약제사에게만 어울리는 공부로 여겼던 것이다. 바랑 부인은 식물학을 좋아했지만, 오로지 자기가 만드는 약에 쓰기 위한 상용 식물들만 골라 채집했다. 이렇듯 식물학과 화학과 해부학은 내 머릿속에서 일반 의학이란 미명 하에 뒤범벅이 되어, 나에게 온종일 재미있게 빈정거릴 거리를 제공하거나 가끔 따귀 맞는 일(a box on the ear)을 버는 데밖에는 쓸모가 없었다.

나는 음악을 위해 세상에 태어난 것임에 틀림없지만
배우기는 무척 힘들었고 성과도 지지부진했다

정말로 나는 이 예술(음악)을 위해 세상에 태어난 것임에 틀림없다. 나는 어릴 때부터 예술을 좋아하기 시작해서 줄곧 예술만을 사랑했기 때문이다. 그런데 놀라운 것은 내가 이것을 위해 태어났지만 이것을 배우기란 무척 힘이 들었고 또 그 성과도 지지부진해서, 평생을 연습했음에도 불구하고 악보를 보고 노래를 정확히 부를 수 없었다는 사실이다. 특히 그 당시 내게 음악공부가 즐거웠던 것은 바랑 부인과 함께 연습할 수 있었기 때문이었다. 우리는 서로 취미가 너무 달랐지만 음악이 우리의 연결점이 되었으며 나는 이를 즐겨 이용했다. 그녀도 이것을 거부하지는 않았다. 나는 그때 그녀와 비슷한 수준이었다. 그래서 우리는 처음 보는 곡이라도 두세 번 연습하고 나면 바로 불렀다.

간혹 나는 그녀가 약을 달이는 화덕 주위에서 분주히 움직이는 것을 보면 이렇게 말하곤 했다. "엄마, 여기 매력적인 이중창이 한 곡 있는데, 이걸 부르다간 엄마 약을 태울 것 같은데요." 그러면 그녀는 말했다. "너 때문에 내 약을 태우기만 해 봐라. 네게 기어코 그걸 먹이고 말 테니." 이렇게 옥신각신하면서 나는 그녀를 하프시코드(harpsichord; 현을 뜯어 소리를 내던 피아노 비슷한 중세 악기)가 있는 데로 끌고 갔다.

우리가 거기에 몰두하는 동안 그만 향나무 열매와 약쑥의 추출물이 새까맣게 타고 말았다. 그리고 이런 장면들은 그녀가 그것을 내 얼굴에 다 칠함으로써 마무리되었다.

장님들의 나라에서는
애꾸눈이 왕이다

어떤 사람들은 있지도 않은 재능이 내게 있다고 추측했고, 또 어떤 사람들은 내가 음악에 푹 빠진 것을 보고 거기에 들인 노력으로 내 재능을 판단했다. 그래서 그들은 내가 그 정도로 음악에 열정을 갖고 있으니 분명 상당 수준임이 틀림없다고 여겼다. 장님들의 나라에서는 애꾸눈이 왕이다. 이곳에는 선생들이 아주 신통치 않았기 때문에 나는 훌륭한 선생으로 통했다. 더구나 노래에 대한 감각도 좀 있었고 나이와 외모로 혜택을 보는 바람에 오래지 않아 서기의 밀린 봉급을 충당하고도 남을 만큼 학생 수가 많이 늘었다.

내 인생의 모든 행위들을 이성으로 판단한 이후로
지금까지 나는 그 선택을 전혀 후회하지 않았다

나는 갑자기 상류세계로 들어가 최고의 집안들과 어울렸다. 어디서나
만족스러운 환대를 받았다. 상냥한 아가씨들이 나를 기다리고 있다
가 기쁘게 맞아 주었다. 눈에 들어오는 것은 매혹적인 것들뿐이고 코
에 들어오는 것은 장미와 오렌지 꽃향기뿐이었다. 우리는 노래하고 담
소를 나누며 웃고 즐겼다. 그곳을 떠나 다른 곳을 가도 마찬가지였다.
기왕에 수익이 같다면 선택에 주저할 필요가 없었을 것이라는 점은 여
러분도 인정할 것이다. 그래서 나는 스스로의 선택이 마음에 들었고 한
번도 후회한 적이 없었다. 내 인생의 모든 행위들을 이성으로 판단하
고, 또 나를 사로잡아왔던 무모한 동기에서 해방된 지금까지도 나는
그 선택을 전혀 후회하지 않았다. 오직 내 성향을 따르면서 내 기대가
배반당하지 않은 것은 거의 이때뿐이었다. 이 고장 사람들의 자연스러
운 환대와 사교적인 기질과 유순한 성질 때문에 나는 사람들과 다정하
게 사귀게 되었다. 내가 당시 사교에 취미를 붙였다는 사실은 다름이
아니라 지금 내가 사람들과 잘 어울리지 못하는 이유가 나보다는 세
상 사람들의 잘못이 더 크다는 것을 내게 확실히 증명해 주고 있다.

청중이 주의를 기울이도록 하려면
여러분의 의도 전체가 미리 간파되어서는 안 된다

자기가 말하고 싶어 하는 것에 젊은이들이 주의를 기울이도록 하기 위해 아주 흥미로운 것을 마지막에 꺼내는 것은 교육자로서 자칫 빠지기 쉬운 잘못이다.

나 자신도 『에밀』에서 그런 과오를 피하지는 못했다. 젊은 학생들은 제시된 대상에만 마음이 쏠려 오로지 그것에만 몰두한다. 그래서 여러분이 너무 천천히 그들을 인도하면, 그들은 여러분의 서론을 훌쩍 뛰어넘어 멋대로 여러분이 인도하는 곳으로 가버린다. 그들이 주의를 기울이도록 하려면 여러분의 의도 전체가 미리 간파되어서는 안 된다.

오직 그의 죽음만이
우리의 우정을 끝냈다

이제 비로소 나는 과거의 삶이 현재의 삶과 연결되기 시작하는 시점에
도달했다. 그 시절부터 지금까지 지속된 몇몇 교우관계가 내게는 정말
소중해졌고, 그 행복한 시절을 자주 그리워하게 된다. 당시 내 친구라
고 자처한 사람들은 진실한 친구였고 나를 위해 사랑을 주었다. 그것
은 순수한 호의에서 그랬지, 저명인사와 교제한다는 허영심이나 또 교
제하면서 나를 해칠 기회를 더 많이 찾으려는 은밀한 목적에서 그런
것은 아니었다.

내가 추정하건대 내 오랜 친구 고프쿠르(Jean-Vincent-Capperonnier
de Gauffecourt; 1691~1766, 제네바의 시계 제작공 출신으로 1735년부
터 1737년까지 제네바 주재 프랑스 외교 변리공사인 라 클로쥐르의 서기로
근무했다. 이후 부자가 된 그는 그림, 디드로와 친분을 맺었다. 독서광이었
던 그는 제네바 부근의 몽브리앙에 인쇄소를 설립하기도 했다.)와 처음 사
귄 건 바로 이때부터였다. 사람들이 내게서 그를 떼어내기 위해서 노력
했음에도 불구하고 그는 항상 내게 남아 주었다. 항상 남아 주었다고!
아니다. 아! 나는 이제 막 그를 잃었다. 하지만 그는 생애가 끝나는 그
순간까지 나를 끊임없이 사랑하고 있었다. 오직 그의 죽음만이 우리의

우정을 끝냈을 뿐이다.

고프쿠르 씨는 이 세상에서 제일 사랑스러운 사람들 중 한 분이었다. 그를 만나면 그를 사랑하지 않을 수 없고, 그와 살면 그에게 완전히 빠져들지 않을 수 없었다. 나는 평생 이 사람의 얼굴보다 더 허물없고 상냥하고 평온하며, 그 이상 풍부한 감정과 이해심을 보이고 신뢰를 불어넣는 얼굴을 본 적이 없다. 아무리 조심성이 많은 사람일지라도 그를 처음 보면 마치 20년 전부터 알고 지냈던 사람처럼 바로 친해지고 만다.

불행은 위대한 재능을 지닌 자들에게
으레 따라붙는 속성처럼 보인다

당시는 볼테르와 프러시아의 황태자(계몽군주로 알려진 프리드리히 2세)가 편지를 주고받은 일이 커다란 반향을 일으키고 있었다. 우리도 자주 이 두 유명한 사람들에 대해 이야기를 나누었다. 한쪽은 최근에 즉위했는데, 머지않아 드러날 자질이 이미 그때부터 엿보였다. 다른 쪽은 지금 찬사를 받고 있는 만큼이나 당시에는 비난을 받았다. 그래서 우리는 그를 끈질기게 괴롭히는 것처럼 보이는 불행을 진심으로 동정했는데, 이러한 불행은 위대한 재능을 지닌 자들에게 으레 따라붙는 속성처럼 보인다. 프러시아 황태자도 젊은 시절에는 그다지 행복하지 못했다. 그리고 볼테르는 결코 행복하지 못하도록 태어난 것처럼 보였다.

우리가 이 두 사람에 대해 쏟은 관심은 이 두 사람에 관계되는 온갖 것으로 확대되었다. 볼테르가 쓴 글이라면 우리는 하나도 빼먹지 않았다. 이러한 독서를 통해 우아하게 글을 쓰고 싶은 욕망, 그리고 내가 흠모한 그의 화려한 문체를 따르고 싶은 욕망이 생겼다. 얼마 후 볼테르의 『철학 서한』이 세상에 선보였다. 물론 이 책이 그의 걸작은 아니었지만, 내가 공부에 취미를 붙이는 데 가장 큰 공헌을 했다. 그리고 이 취미는 그 후에도 결코 사라지지 않았다.

"칼은 칼집을 닳게 한다"
내 격렬한 열정은 나를 살렸지만 또한 나의 파멸을 재촉했다

흔히들 "칼은 칼집을 닳게 한다"고 말한다. 이것은 바로 내게 해당되는 말이다. 내 격렬한 열정은 나를 살렸지만 또한 나의 파멸을 재촉했다. 여러분은 나에게 무슨 열정이냐고 물을 것이다. 아무것도 아니다. 가장 사소한 것이지만, 그것은 내게 헬레네(Helen; 스파르타의 미녀 왕비로, 트로이 전쟁의 빌미를 제공했다.)를 소유하느냐 전 세계의 제왕이 되느냐 하는 문제처럼 크게 작용하고 있었다. 예를 들면 한 여자를 가졌을 때 내 감각은 평온했지만, 내 마음은 결코 평온치 않았다. 사랑의 욕구는 지고의 행복 속에서도 내 마음을 괴롭혔다. 정답고 존경스럽고 사랑스러운 친구도 있었지만 나에게는 애인이 필요해 한숨을 지었다. 나는 바랑 부인 대신 애인을 머릿속에서 그렸다. 또 나 자신을 속이기 위해 온갖 형태의 애인의 모습을 만들어 보기도 했다.

음악은 체력을 소모시키는 점에서
결코 뒤지지 않는 또 하나의 열정이었다

음악은 격렬한 점에서는 좀 덜했지만 체력을 소모시키는 점에서는 결코 뒤지지 않는 또 하나의 열정이었다. 열의를 다해 음악에 몰두하고, 라모의 난해한 책들을 고집스럽게 공부하며, 계속 기억되지 않는 그런 책들을 막무가내로 외우고, 일 때문에 계속 외출하며, 내가 쌓아 놓은 산더미 같은 편집 자료를 베끼려고 너무 자주 밤샘을 하느라 체력을 소모했다.

하지만 어찌 항상 하는 일들로 끝날 수 있겠는가? 내 방황하는 머릿속을 장악하고 있는 온갖 어리석은 짓들, 단 하루면 변해 버리는 생각들, 여행, 음악회, 만찬회, 산책, 읽어야 할 소설, 관람해야 할 연극 등, 내 오락이나 일로 미리 잡아 놓지 않았던 세상사들이 온통 격렬한 열정으로 변해 실로 나를 무척이나 괴롭혔다. 나는 『클레블랑』의 가공된 불행을 드문드문 열광적으로 읽었는데, 나 자신의 불행보다도 그 독서로 인해 더 근심거리를 갖게 되었던 것 같다.

삶을 즐기기도 전에
삶이 내게서 빠져나가는 것을 느꼈다

마음의 변화는 내 기분에도 영향을 미쳐 공상의 열기마저 식어 버렸다. 몸이 쇠약해지는 것을 느끼면서 더욱 조용해졌고 여행에 대한 정열조차 다소 상실해 버렸다. 이전보다 더 집에 틀어박혀 지내면서 지루함이 아니라 우울증에 사로잡혔다. 우울함이 열정을 대신해 있었고 무기력함이 슬픔으로 변했기 때문이다. 나는 맥없이 눈물을 흘리고 한숨을 지었다. 삶을 즐기기도 전에 삶이 내게서 빠져나가는 것을 느꼈다. 사랑스런 바랑 부인을 떠나야 하는 처지를 생각하니 몸서리만 쳐졌다. 그녀의 곁을 떠나 그녀를 이렇듯 우울한 상황에 남겨 둔다는 것이 내 유일한 관심사였다.

마침내 나는 완전히 병이 들었다. 나는 그녀의 보살핌을 받았는데 어떤 어머니도 그렇게 자기 아들을 돌보지는 않았을 것이다. 그리고 엄마는 그 때문에 사업계획들을 잠시 잊고 사업을 기획하는 사람들을 멀리했다. 그것은 그녀 자신에게도 도움이 되었다. 그때 죽음이 찾아왔다면 얼마나 감미로운 죽음이었을까! 내가 인생의 행복을 그리 맛본 적이 없었다면, 그때까지 나는 인생의 불행도 그리 맛본 적이 없었다. 내 평화로운 영혼은 인간들의 불의에 대한 쓰라린 감정 없이 떠날 수 있었는데, 그러한 감정은 삶과 죽음에 독을 집어넣는다. 내게는 죽음 이후에도 나의 반신인 바랑 부인 속에서 살아남을 것이라는 위안이 있었다. 그렇다면 그것은 거의 죽는 것이 아니었다. 그녀의 운명에 대한 근심이 없었더라면 나는 잠이 드는 것처럼 죽었을 것이다. 그러한 근심마저도 쓰라림을 진정시키는 다정한 대상을 갖고 있었다. 나는 그녀에게 이렇게 말했다.

"당신은 내 모든 존재를 맡으신 분입니다. 그렇게 해야만 저는 행복해질 겁니다."

눈물이 음식이자 약이 되는 것처럼
나는 그녀와 함께 흘리는 눈물로 기운을 차렸다

병이 가장 심해졌을 때 두세 번 밤중에 일어나 간신히 그녀의 방으로 기어가 그녀의 처신에 대해 몇 가지 충고를 했다. 감히 말하건대 그 충고는 너무나 현명하고 도리에 맞았다. 거기에는 내가 그녀의 앞날에 대해 갖는 관심이 가장 강렬하게 나타났다. 눈물이 내가 먹는 음식이자 약이나 되는 것처럼, 나는 그녀의 침대 옆에 앉아 두 손을 붙잡고 그녀와 함께 흘리는 눈물로 기운을 차리는 나를 발견했다.

밤에 이렇게 이야기를 나누면서 시간이 흘러갔고, 나는 들어왔을 때보다 상태가 더 좋아져 돌아가곤 했다. 그녀가 내게 했던 약속과 그녀가 내게 주었던 희망에 만족과 안도감을 느꼈고, 신의 섭리를 충만하게 받아들이면서 평화로운 마음으로 잠이 들었다. 신이시여, 이미 저는 삶을 증오할 너무나 많은 이유들을 갖고 있으며, 너무나 많은 인생의 우여곡절로 뒤흔들려 삶이 저에게는 단지 무거운 짐이 되고 말았습니다. 그런 저에게 모든 것을 끝내 버리는 죽음이 그때만큼 그리 가혹하지 않도록 해주소서.

"오! 이 집이야말로
행복과 순진함이 머무는 곳입니다!"

그 집은 제법 살 만했다. 바로 앞에는 비탈을 이룬 정원이 있고, 밑으로는 과수원이, 집 뒤의 위쪽에는 포도밭이 있었으며, 맞은편에는 자그마한 밤나무 숲과 이용할 수 있는 샘이 있었다. 언덕의 더 높은 곳에는 가축을 먹이는 초원도 있었다. 한마디로 조촐한 시골 살림을 위해 우리가 필요한 모든 것들이 갖추어져 있었던 것이다. 내 기억을 최대한 살려 말하면, 우리가 이 집으로 이사 온 것은 1736년 여름이 거의 끝날 무렵이었다. 나는 기쁨에 넘쳐 거기서 잠을 잤다. 나는 이 사랑스러운 여자친구를 껴안고 감격과 환희의 눈물로 그녀를 적시면서 이렇게 말했다.

"오! 이 집이야말로 행복과 순수함이 머무는 곳입니다! 우리가 여기서 함께 행복과 순진함을 찾지 못한다면, 다른 어디에서 그것들을 찾는다는 것은 모두 헛된 일입니다."

제 6 권

1737~1740

루소는 레 샤르메트에서 보낸 시절을 가장 행복해 했던 것 같다.

"이 그리운 시절 동안 내게 일어났던 일, 이 시절이 계속되는 동안 늘 내가 행하고 말하며 생각했던 모든 것들이 내 기억에서 사라지지 않았다."

 하지만 불면증과 귀울림 등을 항상 달고 다니는 등 건강이 나아지지 않자, 루소는 죽음의 공포로부터 자신의 영혼을 지켜 내기 위해 종교와 신 그리고 나약한 동물들(특히 비둘기)에 관심을 기울이기 시작했다.

포도와 과일을 수확한 뒤 1737년 겨울 다시 샹베르로 돌아온 루소는 데카르트의 신봉자 살로몽 씨를 만나 교육적인 대화를 나누면서 시간을 보낸다. 이 무렵 『학문들에 대한 대화』라는 책을 자신의 학문의 길잡이로 삼는다.

이듬해 다시 레 샤르메트로 돌아온 루소는 다소 건강을 되찾으면서 로크, 라이프니츠, 데카르트의 철학책들뿐만 아니라 기하학 책들과 라틴어를 섭렵하면서 엄청난 독서량을 과시한다. 그리고 의사를 불신했던 그는 자신의 약한 몸 때문에 생리학과 해부학에까지 손을 댔다.

1737년 6월에는 화학 실험 중 폭발로 실명 위기를 맞자 최초의 유언을 작성했다. 7월 말, 유산 문제를 해결하기 위해 비밀리에 제네바에 갔다. 9월에는 상상에서 생긴 병을 치료하기 위해 몽펠리에로 떠났는데, 이 여행 도중 만난 라르나주 부인의 공세를 막지 못해 그녀와 육체관계를 맺는다.

1738년 2-3월경에 레 샤르메트로 돌아온 루소는 바랑 부인이 빈첸리드를 새 애인으로 삼은 것을 보고 무척 실망한 뒤 공부에만 전념한다. 이때 그의 심경은 이루 말할 수 없을 정도로 혼란스러웠지만, 1740년 4월 루소는 어지러운 마음을 다잡고 리옹 법원장 마블리의 두 아들의 가정교사로 채용되어 리옹으로 떠났고, 9-10월경에 『샹트마리 씨의 교육안』을 집필했다.

여기까지가 루소의 청년기를 다룬 『고백록』의 제1부이다.

"이것이 내 청년기의 착오이자 과실이었다. 나는 흡족할 정도로 충실하게 그에 대해 이야기를 털어놓았다. 이후 내가 얼마간의 미덕들로 장년기를 명예롭게 장식했다면, 그것들도 마찬가지로 솔직하게 말할 것이다. 그리고 그것이야말로 내가 이 글을 쓴 의도였다."

> 내가 바라던 전부이다: 적당한 면적의 땅,
> 정원 하나, 집 앞에 흐르는 맑은 시냇물;
> 그리고 거기에 조그만 숲이 하나 있다면……
> Hoc erat in votis: Modus agri non ita magnus
> Hortus ubi, et tecto vicinus aqua fons;
> Et paulum sylvae super his foret.
>
> (로마의 시인 호라티우스의 『풍자시집』에서 인용한 글)

루소가 집필한 『음악사전』, 1768년

나는 소유를 원하지 않았다. 즐기는 것만으로 충분했다

나는 여기에 이렇게 덧붙일 수 없다. "신들은 내게 그 이상을 주셨다." (앞에서 인용한 호라티우스의 시 다음에 나오는 구절이다.) 하지만 상관없다. 나에게는 더 이상의 것이 필요치 않았으며, 더구나 그 소유도 원치 않았다. 나는 그것을 즐기는 것만으로도 충분하다. 나는 이미 오래전에 소유자와 점유자가 전혀 다른 두 사람이라는 것을 말한 적이 있고 느낀 바도 있다. 남편과 애인은 논외로 치고라도 말이다.

행복은 어떤 것에 있는 것이 아니라
내 자신 안에 있기 때문에 일순간도 나를 떠날 수 없었다

여기서 내 생애의 짧은 행복이 시작된다. 여기서 내게 "나는 진정 살아 보았다"고 말할 자격을 주었던, 평화롭지만 빨리 지나가 버리는 순간들이 찾아든다. 소중하고도 너무나 아쉬운 순간들이여! 아! 나를 위해 그 즐거운 순간들의 흐름을 다시 시작하도록 하라. 현실에서 그 순간들은 덧없이 연속되어 흘러가 버렸지만, 할 수 있다면 내 기억 속에서 그보다 더욱 천천히 흘러가도록 하라. 이렇게도 감동적이고 소박한 이야기를 내 멋대로 늘리려면, 항상 같은 이야기를 반복하려면, 끊임없이 같은 이야기를 다시 시작하면서도 내가 지루하지 않았던 것만큼 독자들도 지루하지 않게 하려면 어떻게 해야 할까?

이 모든 것들이 사실과 행위와 말로 되어 있다면, 어떻게 해서라도 나는 그것을 묘사하고 표현할 수 있을 것이다. 하지만 나는 그 감정 자체 이외에 내 행복의 다른 대상을 명확히 표현할 수 없다. 그런데 말한 것도 행한 것도 심지어 생각한 것도 아니고 그저 맛보고 느낀 것을 어떻게 말할 것인가?

해가 뜨면 일어나니까 행복했다. 산책을 하니까 행복했다. 엄마를 보니까 행복했고 그녀 곁에서 물러나니까 행복했다. 숲과 언덕을 두루 산책했고, 골짜기를 떠돌아다녔으며, 책을 읽었고, 빈둥거렸으며, 정원을 돌보았고, 과일을 땄으며, 살림을 도왔는데 행복은 어디서나 나를 따라다녔다. 행복은 무엇이라고 꼬집어 말할 수 있는 어떤 것에 있는 것이 아니라, 완전히 내 자신 안에 있기 때문에 일순간도 나를 떠날 수 없었다.

젊을 때는 끊임없이 미래를 향했던 상상력이
이제 과거로 되돌아가 희망을 박탈한 대신에
감미로운 추억들로 보상해 준다

이 그리운 시절 동안 내게 일어났던 모든 일, 이 시절이 지속되는 동안
늘 내가 행하고 말하며 생각했던 것 모두가 내 기억 속에서 사라지지
않았다. 그 이전과 그 이후의 시기는 띄엄띄엄 떠오르고, 불규칙적으로
흐릿하게 기억날 뿐이다. 하지만 그 시기는 지금도 계속되는 것처럼 고
스란히 기억난다. 젊었을 때는 끊임없이 미래를 향했던 상상력이 지금
은 과거로 되돌아가 ― 영원히 잃어버린 ― 희망을 박탈한 대신에 그나
마 이 감미로운 추억들로 보상해 준다. 미래에서는 내 마음을 끌 만한
것이 더 이상 아무것도 보이지 않을 것이다. 나는 오로지 과거로 돌아
갈 때만 마음이 흐뭇해질 수 있고, 내가 지금 이야기하는 시절로 이토
록 생생하고 진심으로 돌아갈 때만 비로소 불행에도 불구하고 종종 행
복하게 살게 된다.

나는 종종 종교를 내 멋대로 왜곡했지만
종교를 완전히 저버린 적은 결코 없었다

내 육신을 죽여야 했을 이 증상은 내 열정만을 죽였을 뿐이다. 그래서 나는 그것이 내 영혼에 초래한 다행스러운 결과에 항상 신에게 감사하고 있다. 나는 스스로를 죽은 사람으로 여겼을 때 비로소 살기 시작했다고 분명히 말할 수 있다. 내가 막 헤어지려던 사물들에 그 진정한 가치를 평가함으로써, 내가 지금까지는 너무 게을리했지만 곧 완수해야만 할 임무들을 미리 앞당겨서 하는 것처럼 고결한 임무에 전력투구하기 시작했다. 나는 종종 종교를 내 멋대로 왜곡했지만 종교를 완전히 저버린 적은 결코 없었다. 이러한 주제로 되돌아가는 것이 내게는 덜 고통스러웠는데, 종교는 많은 사람들에게 매우 침울한 주제이더라도 그것을 희망과 위안의 대상으로 삼는 사람에게는 매우 기분 좋은 주제이기 때문이다. 그러므로 바랑 부인은 이런 경우 세상의 어떤 신학자보다 훨씬 더 나에게 도움이 되었다.

사람들은 보통 자신들을 닮은 신을 만든다. 선량한 사람들은
선량한 신을 만들고 악한 사람들은 악한 신을 만든다

모든 것에 체계를 세우려는 바랑 부인은 종교에도 체계를 세우는 데
실패하지 않았다. 그런데 이 체계라는 것이 서로 연관성도 없이 지루한
생각들로 구성되어 있었다. 어떤 것들은 매우 건전하지만 어떤 것들은
터무니없는 개념들, 그녀의 성격에서 나온 감정들, 그녀가 받은 교육에
서 빚어진 편견들로 이루어져 있었다.

사람들은 보통 자신들을 닮은 신을 만든다. 선량한 사람들은 선량
한 신을 만들고 악한 사람들은 악한 신을 만든다. 증오와 분노를 품은
독신자(篤信者)들은 지옥만을 보는데, 그들은 모든 사람들을 지옥으로
떨어뜨리고 싶어 하기 때문이다. 하지만 다정하고 온유한 영혼들은 지
옥을 거의 믿지 않는다.

내가 지금도 극복하지 못한 경악스러운 것들 중 하나는 선량한 페
늘롱이 자신의 소설 『텔레마코스』에서 지옥을 정말 믿는 것처럼 지옥
에 대해 말한다는 사실이다. 하지만 나는 그가 그때 거짓말을 했기를
바란다. 결국 아무리 진실한 사람이라도 그가 주교일 때는 가끔씩 거
짓말을 할 수밖에 없기 때문이다.

바랑 부인은 나와 함께 있을 때는 거짓말을 하지 않았다. 그리고

악의가 없는 이 영혼은 복수심에 불타 항상 화가 나 있는 신을 상상할 수 없었기에, 독신자들이 융통성 없는 정의와 영원한 처벌만을 보는 곳에서도 오로지 관용과 자비만을 보았다.

이 세상에서든 저세상에서든 나쁜 사람들은
언제나 골칫거리일 수밖에 없다

이상한 것은 그녀가 지옥을 믿지 않으면서도 연옥은 믿었다는 점이다. 그녀는 나쁜 사람들을 지옥에 떨어뜨릴 수도 없고 그렇다고 해서 착한 사람이 될 때까지 그들을 착한 사람들과 함께 둘 수도 없어 나쁜 사람들의 영혼을 어떻게 해야 할지 몰랐기 때문이다. 아무튼 이 세상에서든 저세상에서든 나쁜 사람들은 언제나 골칫거리일 수밖에 없다는 것을 인정해야만 한다.

바랑 부인은 늘 교회에 순종적이면서도
교회와는 완전히 다르게 믿었다

바랑 부인은 선량한 가톨릭 신자였다. 혹은 적어도 가톨릭 신자라고 주장했다. 그리고 그녀의 주장이 진심이었던 것은 확실하다. 그녀에게는 사람들이 성경을 문자 그대로 경직되게 해석하는 것으로 보였다. 그래서 성경에 쓰여 있는 영원한 형벌에 대한 모든 것들이 그녀에게는 비유적인 형벌로 보였다.

그녀에게 예수 그리스도의 죽음은 사람들에게 신을 사랑하고 또 서로를 사랑하라는 가르침을 주기 위한 진정한 신적인 자비의 모범으로 보였다. 한마디로 그녀는 자신이 택한 종교에 충실하면서 그 신앙 고백 전부를 진심으로 받아들였다.

그러나 성경에 나오는 각각의 조항을 토론하게 되면, 그녀는 늘 교회에 순종적이면서도 교회와는 완전히 다르게 믿었다. 그녀는 그 점에 대해 순진함과 궤변보다 한층 설득력 있는 솔직함을 보여주었기 때문에 고해 신부까지도 종종 당황스러워하곤 했다. 그녀는 그에게 감출 것이 하나도 없었기 때문이다. 그녀는 이렇게 말했다.

"저는 선량한 가톨릭 신자이며 항상 그러기를 바랍니다. 저는 혼신을 다해 우리 성모교회의 결정에 따릅니다. 저는 제 신앙의 주인이 아니라 제 의지의 주인입니다. 저는 그 의지를 거리낌 없이 당신에게 복종시킵니다. 저는 모든 것을 믿으려고 애쓸 것입니다. 그런데 저에게 더 이상 무엇을 바랍니까?"

나는 동물들, 특히 겁이 많고 사람을 따르지 않는
짐승들을 길들이는 데 남다른 기쁨을 느꼈다

피로를 덜 주는 일에 만족할 수밖에 없어서, 여러 가지 일 가운데서 비
둘기 집을 돌보는 일을 택했다. 그 일이 무척 즐거웠기 때문에 나는 조
금도 지루해 하지 않고 종종 몇 시간을 보낸 적이 있었다. 비둘기는 너
무 겁이 많아 길들이기가 어려웠다. 하지만 나는 그 녀석들에게 상당한
신뢰감을 불어넣어 주었기 때문에 어디에서나 나를 따랐고 내가 원하
면 기꺼이 잡혀 주기도 했다. 내가 마당에 나타나면 언제나 금방 두세
마리는 팔이나 머리에 날아와 앉아, 그것에 즐거움을 느끼면서도 그렇
게 따라다니는 것이 너무 불편해져 그 녀석들에게서 정을 떼야만 했다.
나는 동물들, 특히 겁이 많고 사람을 따르지 않는 녀석들을 길들이는
데 언제나 큰 기쁨을 느꼈다. 그 짐승들에게 결코 어겨 본 적이 없는
신뢰감을 불어넣어 주는 것은 즐거운 일이었다. 나는 그 녀석들이 나
를 자유롭게 사랑하기를 바랐다.

명상은 내게 지식의 부족함을 채워 주었고
성찰은 나의 해법에 큰 힘을 주었다

학문에 조금이라도 진정한 취미를 갖는 사람으로서 학문에 몰두하여 처음으로 느끼는 것은 서로 끌어당기고 서로 돕고 서로 해명하는 각 학문들 사이의 연관성이다. 한 학문은 다른 학문의 도움 없이는 불가능하다. 인간의 이해력은 모든 학문을 섭렵할 수 없기 때문에 언제나 학문 중 한 가지를 전공으로 선택해야 한다. 그래도 다른 학문들을 완전히 손을 놓으면 자신의 학문에서조차 모호한 상태에 빠지는 경우도 있다.

나는 내 해법이 그 자체로는 좋고 유익하다고 확신했다. 하지만 내 방법을 바꾸는 것이 필요했다. 그래서 나는 우선 전체 학문에 의지했고, 인간 지식 전체를 각 부문별로 분류하기 시작했다. 그러나 정반대로 각 부문을 분리해서 그것들이 서로 만나는 지점까지 각 부문을 따로 계속 해나가야만 한다는 것을 알았다. 이렇게 해서 나는 평범한 종합적 방법으로 돌아왔다. 하지만 이번에는 자신이 무엇을 하고 있는지를 아는 사람으로 돌아갔다. 여기서 명상은 내게 지식의 부족함을 채워 주었고, 아주 자연스러운 성찰은 나의 해법에 큰 힘을 주었다.

나는 분명히 학문을 위해
태어난 사람이 아니다

나는 분명히 학문을 위해 태어난 사람이 아니다. 왜냐하면 어느 한 가지 주제에 겨우 30분도 전념할 수 없을 정도로 오랫동안 주의를 기울이는 것은 피곤하기 때문이다. 특히 다른 사람의 사상을 따라갈 때는 더욱 심했다. 나 자신의 생각에는 좀 더 오래 몰두하는 일이 종종 가능했다. 하지만 어떤 저자의 것은 정신을 집중해 몇 페이지만 읽어도 어느새 정신이 혼미해지기 시작한다. 그래도 고집스럽게 책을 붙들고 있으면 피곤하기만 하고, 마비가 와서 더 이상 무엇을 읽었는지 도무지 생각도 안 난다.

그렇지만 다양한 주제들이 잇달아 나오면, 심지어 중단이 없더라도, 한 주제에서 생기는 내 피로를 다른 주제가 풀어 주기 때문에 한 숨 돌릴 필요도 없이 한결 편안하게 따라갈 수 있다. 이런 관찰을 내 공부계획에 활용하여 주제들을 잘 섞어 놓았더니 온종일 공부에 몰두하고도 피로를 전혀 느끼지 못했다. 집안일과 텃밭 가꾸기가 기분 전환에 크게 도움이 되었던 것도 사실이다. 그러나 향상에 대한 내 열정이 커짐에 따라 공부를 위해 이런 일들에 뺏기는 시간을 더욱 절약하는 방법, 두 가지 일을 동시에 하는 방법을 용케도 찾아냈다.

진정한 행복이란
여러 사건들이 모여서 생기는 것이 아니라 지속적 상태이다

정말로 진정한 행복이란 묘사할 수 있는 것이 아니라 느끼는 것이며, 진정한 행복에 대한 의식은 묘사될 수 없는 그만큼 더 잘 느껴진다. 왜냐하면 진정한 행복이란 여러 사건들이 모여서 생기는 것이 아니라 지속적 상태이기 때문이다.

신에게 행복을 얻는 최선의 방법은
그것을 요구하기보다
그것을 받을 만한 사람이 되는 것이다

나는 아침마다 근처의 과수원을 거쳐 매우 아름다운 길을 거닐면서 기도를 드렸는데, 그것은 공연히 입으로만 중얼거리는 것이 아니라 내 앞에 펼쳐져 있는 쾌적한 자연의 조물주를 향해 진실로 마음을 고양하는 것이다. 나는 방 안에서 기도하는 것을 좋아한 적이 없었다. 장벽들과 인간이 만든 그 온갖 자잘한 것들이 신과 나 사이에 개입되는 것 같아서이다. 나는 내 기도가 순수했다고 확신할 수 있다. 그리고 그 점에서 신이 내 기도를 들어줄 만했다.

　나는 나를 위해 또 내 소원에서 나와 결코 분리될 수 없는 그녀를 위해, 오직 죄악과 고통과 곤궁이 없는 순결하고 평온한 삶과 의로운 사람들의 죽음과 앞으로 닥칠 그들의 운명을 위해 기도했다. 뿐만 아니라 이러한 기도는 무엇을 요구하기보다는 오히려 찬미하고 관조하는 가운데 이루어졌다. 나는 참다운 행복을 나눠 주는 신에게 우리에게 필요한 행복을 얻는 최선의 방법은 그것을 요구하기보다는 그것을 받을 만한 사람이 되는 것이라는 것을 알고 있었다.

나는 다른 사람의 도움 없이도
사고할 수 있을 정도로 많은 지식이
내 안에 쌓였음을 알았다

나는 각 저자가 쓴 책을 읽으면서, 내 생각이나 다른 사람의 생각을 보태거나 저자와 결코 논쟁하지 않고 그의 생각 모두를 받아들이고 따르는 것을 방침으로 삼았다. 나는 스스로에게 말했다.

"우선 맞든 틀리든 관계없이 명확한 개념들만을 내 머리에 모아 두는 것부터 시작하면서, 내 머리가 그 생각들로 충분히 채워져 가장 존중할 만한 것들을 비교하고 선택할 수 있을 정도가 되기까지 기다릴 것이다."

이 방법도 나쁜 점이 없지 않지만, 배운다는 목적에서는 내게 좋은 결과를 가져다주었다. 말하자면 성찰하지 않고 거의 따져 보지도 않으면서 단지 다른 사람의 학설에 따라 정확하게 생각하면서 몇 년 간을 보낸 끝에, 나는 나 자신에게 충분하여 다른 사람의 도움 없이도 사고할 수 있을 정도로 많은 지식이 내 안에 쌓였음을 알았다. 그다음에 여행을 떠나 책을 참고할 기회가 없을 때는 내가 이미 읽은 것들을 다시 검토하고 비교하며 꼼꼼히 이성(理性)의 저울에 달아본다. 그리고 종종 내 스승들을 비판하기도 했다. 판단력을 기르기 시작한 것은 늦었지만,

그 판단력이 활력을 잃었다고는 생각하지 않았다. 그래서 나 자신의 생각을 발표했을 때 어떤 스승의 맹목적인 제자라든가 '스승의 말에' 대고 맹세한다든가 하는 비난은 결코 받지 않았다.

배우겠다는 열의가 일종의 광기가 되어
나를 거의 바보로 만들었다

나는 억지로라도 기억력을 향상시켜야겠다고 마음먹었다. 그래서 많이 암기하려고 애를 썼다. 그러기 위해 나는 아무 책이나 항상 가지고 다니면서, 일하면서도 열심히 공부했다. 내가 끊임없이 뭔가를 반복하고 이렇듯 고집스럽게 헛수고를 했는데도 어떻게 바보가 되지 않았는지 모르겠다. 베르길리우스의 「목가」(牧歌)들을 분명 스무 번 넘게 되풀이해서 제대로 외웠는데도, 지금은 그중 단 한 줄도 모르겠다. 비둘기 집이나 정원, 과수원이나 포도밭, 어디를 가나 책을 갖고 다니는 습관 때문에 책을 많이 잃어버렸고, 전집들 중 짝이 맞지 않게 된 것도 많았다. 다른 일을 할 때는 책을 나무 밑에나 울타리 위에 놓아 두곤 했는데, 종종 책들을 그곳에 그냥 놓고 왔다. 그래서 2주 정도나 지나서 책을 다시 발견하는 일도 있었는데, 그때는 책이 썩어 있거나 개미나 달팽이가 갉아먹은 후였다. 배우겠다는 이러한 열의가 일종의 광기가 되어 나를 바보로 만들었다. 비록 입 안에서는 뭔가를 끊임없이 중얼거리고 있었지만 말이다.

내 어리석은 행위에 웃고 있을 위대한 천재들이여, 자신의 뛰어난 지혜를 자랑스러워하라

하루는 이 우울한 문제를 곱씹으면서 평소처럼 멋진 솜씨로 나무줄기에 돌을 던지는 운동을 하고 있었다. 솔직히 말해 하나도 못 맞추면서 말이다. 나는 이 매력적인 운동이 고조에 달했을 때 불안을 가라앉히기 위해 일종의 점을 쳐볼 생각이 들었다. 나는 나 자신에게 말했다.

"내 앞에 서 있는 나무에 이 돌을 던질 것이다. 그것을 맞힌다면 구원받을 징조고 못 맞히면 지옥 갈 징조다."

이렇게 말하면서 나는 무섭도록 가슴 두근거리며 떨리는 손으로 돌을 던졌다. 다행히도 그 돌은 나무 한가운데를 맞추었다. 그런데 사실 이것은 어려운 일이 아니었다. 일부러 엄청나게 크고 아주 가까이 서 있는 나무를 골랐기 때문이다. 이때부터 나는 결코 내가 구원될 것이라는 사실을 의심하지 않게 되었다. 이런 행위를 회상할 때면 나 자신에 대해 웃어야 할지 한숨을 쉬어야 할지 모르겠다. 분명 내 어리석은 행위에 웃고 있을 위대한 천재들이여, 자신의 뛰어난 지혜를 자랑스러워하라. 하지만 내 비참함을 모욕하지 말라. 나야말로 내 비참함을 가장 잘 느끼고 있다고 당신들에게 장담할 수 있으니 말이다.

순수한 향락에는 천국의 향락처럼
고요가 깃들어 있다

신앙심이 깊은 사람들도 항상 자신들에게 허락된 순진무구한 쾌락을 기꺼이 맛보게 하는 생생한 관능적 감각을 갖고 있다. 그런데 나는 그 이유를 알 수 없지만, 세속적인 쾌락을 찾는 사람들은 그 때문에 그들을 죄악시한다. 아니 더 정확히 말하면 나는 그 이유를 너무 잘 알고 있다. 그것은 자신들이 싫증 난 소박하고 순수한 즐거움들을 다른 사람들이 즐기는 것을 시기하기 때문이다. 나도 그런 취향을 갖고 있었다. 그리고 양심의 가책 없이 그것을 만족시키는 것이 즐겁다고 생각했다. 아직도 순진한 내 마음은 아이의 고요한 행복을 갖고, 감히 말하건대 천사의 황홀함을 갖고 모든 것에 몰두했다. 실로 이 순수한 향락에는 천국의 향락처럼 고요가 깃들어 있기 때문이다.

"나는 나 자신에게 존경받을 만하다. 나는 쾌락보다 의무를 택할 줄 안다"

쾌락의 맛은 아직 거기 남아 있어도 정열은 더 이상 없었다. 이런 생각들에는 그토록 선량하고 너그러운 친구에 대한 내 처지와 의무에 대한 반성이 섞여 있었다. 그녀는 이미 빚을 진데다가 내가 턱없이 낭비하는 바람에 빚이 더 늘어났다. 그런 그녀를 나는 이렇게 염치없이 배반한 것이다.

이런 가책이 몹시 심해져 그것은 모든 유혹들을 극복하고 마침내 승리를 거두었다. 생테스프리의 다리에 가까이 이르자 나는 생탕데올에서 가져온 편지들을 불태우고 곧장 샹베리로 갈 결심을 했다.(병 치로차 떠난 여행에서 다른 여인의 유혹을 받은 루소가 그에 꺾이지 않고 바랑 부인에게로 돌아가기로 한 것이다.) 나는 용기를 내서 그렇게 했다. 몇 번 탄식은 했지만 내 생애에 처음으로 즐긴 진심 어린 만족감을 느끼면서 말이다. "나는 나 자신에게 존경받을 만하다. 나는 쾌락보다 의무를 택할 줄 안다"고 혼잣말을 했다. 이것이야말로 내가 책에서 처음으로 얻은 실질적인 혜택이었다. 이 책들이 나에게 반성하고 비교하는 법을 가르쳐 주었기 때문이다.

이처럼 훌륭한 방침을 정한 뒤 나는 자신을 위해 현명함과 미덕의

규칙을 정하고 그것을 따르는 데 스스로 뿌듯한 자부심을 느꼈다. 스스로의 모순에 빠져 그토록 빨리, 그리고 터무니없이 자신의 신조를 부인하면서 생기는 부끄러움은 관능적 쾌락을 이겼다. 내가 이런 결심을 하기까지는 아마도 미덕뿐만 아니라 자존심도 개입했을 것이다. 비록 이러한 자존심이 미덕 그 자체는 아니더라도 아주 비슷한 효능을 지니고 있기 때문에 우리를 속이더라도 용서할 만하다.

결심을 하자마자
나는 다른 사람이 되었다

선행에서 얻을 수 있는 것들 중 하나는 영혼을 고양하고 영혼이 더욱
훌륭한 행동을 하겠다는 각오를 갖도록 한다는 것이다. 나쁜 짓을 하
고 싶지만 그것을 하지 않는 것조차 선행으로 간주되어야 할 정도로
인간이 너무 나약하기 때문이다. 결심을 하자마자 나는 다른 사람이
되었다. 보다 정확히 말하자면 실수투성이 이전의 내가 되어, 그 도취
의 순간이 숨겼거나 위장해 놓았던 것을 참된 색깔로 보게 되었다.

내 마음속의 미덕의 씨앗들은
내 불행과 더불어 싹트기 시작했다

내 마음속의 미덕의 씨앗들은 내 불행과 더불어 이렇게 싹트기 시작했다. 그 씨들은 공부를 통해 배양되었으며, 열매를 맺기 위해 단지 역경의 발효만을 기다리고 있었다. 사심 없는 이러한 마음가짐에서 거둔 맨 처음 열매는 내 자리를 꿰찬 사람에 대한 미움이나 질투의 모든 감정들을 마음속에서 멀리하는 것이었다. 오히려 내가 이 젊은이에게 진정으로 바라는 것은 그에게 애정을 갖고 그를 훈련시키고 그의 교육에 힘쓰며 그에게 자신의 행복을 느끼게 만들어 주고, 가능하다면 그를 그 행복에 합당하게 만드는 것, 한마디로 클로드 아네가 이전에 나를 위해 해주었던 것들 모두를 그(리옹 법원장 마블리 아들. 루소는 마블리의 집에 가정교사로 채용되었다.)에게 해주고 싶었다.

"그러면 패스트리를 먹게 하라"

칼을 찬 위엄 있는 신사가 어떻게 겨우 빵 한 조각을 사러 빵집에 들어갈 수 있겠는가? 그것은 가당치도 않은 일이다. 마침내 나는 어느 공주의 생각 없는 말이 생각났다. 그녀는 농부들이 빵이 없다는 말을 듣고 "그러면 패스트리를 먹게 하라!"고 대답했다고 하지 않았던가(루이 16세의 아내 마리 앙투아네트가 한 것으로 알려져 있는 이 말은, 이미 루이 15세의 딸 빅토린, 혹은 다른 사람들이 한 말이라고 한다.). 그래서 나는 패스트리를 사러 나섰다. 나는 그것을 위해 혼자 시내를 쏘다니고, 30개나 되는 제과점들 앞을 지나친 후에야 겨우 어느 가게로 들어갔다. 우선 내가 제과점 문을 열고 들어가기 위해서는 가게에 단 한 사람만 있어야 하고, 또 그 사람의 인상이 내 마음에 쏙 들어야만 했다.

그러나 일단 이 사랑스럽고 조그만 패스트리를 손에 넣고 내 방문을 걸어잠근 채 장롱 바닥에서 조심스럽게 포도주 한 병을 찾아 한 잔 마시고 소설 몇 쪽을 읽으면 얼마나 즐거웠는지 모른다! 친구가 없을 때는 나는 항상 먹으면서 책을 읽고 싶은 생각이 들었다. 그것은 사교 모임을 대신하는 것 같았다. 나는 마치 내 책과 회식을 하는 것처럼 번갈아 가며 책 한 쪽과 빵 한 조각을 맛있게 집어삼켰다.

나는 결코 방탕한 적도 술주정을 한 적도 없었고
고주망태가 된 적도 없었다

나는 결코 방탕한 적도 술주정을 한 적도 없었고, 일생 동안 고주망태 가 된 적도 없었다. 그러므로 이러한 내 (포도주) 좀도둑질은 그리 분별이 없지는 않았다. 하지만 들통 나고 말았다. 마시고 난 포도주 병들때문이었다. 사람들은 내게 그런 내색을 하지 않았지만 나는 더 이상지하실 포도주 창고에 접근하지 못했다. 이 모든 점에서 마블리 씨는분별 있고 신사답게 처신했다. 그는 본받을 만한 사람으로, 겉으로는직업상 엄격했지만 속으로는 정말 부드러운 성격의 소유자로 보기 드문 관용을 베풀었다. 그는 판단이 정확하고 공정하며, 인정이 아주 많은 사람이었다. 나는 그의 너그러움 때문에 그에게 더욱 애정을 느끼게되었고, 리옹에 있는 그의 집에 좀 더 오래 머물게 되었다.

나는 어떤 대가를 치르더라도
바랑 부인의 곁으로 돌아가고 싶었다

단 한 번만이라도 그녀(바랑 부인)를 다시 보기만 한다면 바로 그 순간 죽어도 여한이 없었을 것이다. 마침내 나는 그토록 다정한 감정에 저항할 수가 없었으며, 그 감정에 이끌려 어떤 대가를 치르더라도 그녀의 곁으로 되돌아가고 싶었다. 참을성도 친절함도 상냥함도 부족한 나는 스스로를 책망했다. 하지만 예전보다 좀 더 노력한다면 아주 달콤한 우정 속에서 여전히 행복하게 살 수 있다고 결론지었다.

나는 세상에서 가장 멋진 계획을 세우고 이를 실행에 옮기느라 몸이 달아올랐다. 나는 모든 것들을 버리고 모든 것들을 포기하고 떠난다. 나는 날아갈 듯이 길을 달려 내가 청춘시절에 느꼈던 것과 똑같은 열광에 휩싸여 도착한다. 그리고 다시 한번 그녀의 발밑에 엎드려 있는 내 모습을 본다. 아! 만약 그녀의 환대에서, 그녀의 포옹에서, 내가 예전에 그녀의 마음에서 찾았던 애정과 내가 거기에 갖다 놓았던 애정의 4분의 1이라도 다시 발견했다면 나는 그 자리에서 기뻐 죽었을지도 모른다.

나는 음악을 가르치는 일은 그만두었지만
결코 음악을 포기하지는 않았다

나는 음악을 가르치는 일은 그만 두었지만 결코 음악을 포기하지는 않았다. 오히려 미약하지만 이 방면에서는 잘 알려져 있을 정도로 충분히 음악이론을 공부했다. 음표를 읽는 법을 배우면서 내가 겪었던 어려움을, 또 여전히 악보를 보고 즉석에서 노래를 부를 때 겪는 곤란함을 생각하면서, 이러한 어려움의 원인이 물론 내 탓도 있겠지만 어쩌면 음표 탓일 수도 있다는 생각이 들었다. 나는 음악을 이해한다는 것이 누구에게나 그리 쉬운 일이 아니라는 사실을 잘 알고 있었기 때문이다.

나는 음표들의 구성을 살펴보면서 그것들이 아주 잘못 만들어져 있다는 생각이 들곤 했다. 아무리 짧은 곡이라도 그것을 악보로 적을 때는 항상 선과 보표(譜表)를 그려야만 했다. 그래서 나는 오래전부터 그런 수고를 덜기 위해 숫자로 음계를 기보하는 방법을 생각해냈다. 하지만 옥타브, 박자, 음의 장단에서 나오는 어려움 때문에 그만 중단하고 말았다. 예전에 떠올렸던 이런 생각이 다시 떠올라 다시 정리해보니 그런 어려움은 결코 극복할 수 없는 것이 아니라는 것을 알았다. 나는 연구를 거듭하여 마침내 가장 간단하게 숫자로 기보하는 데 성공을 거두었다.

제 7 권

1741~1747

제7권부터는 루소가 2년 만에 다시 집필한 것이다. 따라서 제2부라 할 수 있다. 제1부가 기억을 토대로 썼기 때문에 오류가 있을 것이라고 고백한 루소는 제2부도 그럴 것이라고 말했다. 하지만 가장 중요한 것은 자신이 느낀 감정을 충실히 기록하는 것이라고 강변한다.

"사실들을 빠뜨리거나 순서를 바꾸거나 날짜에 오류가 있을 수 있다. 하지만 내가 느낀 감정에 따라 행했던 것은 착각할 수 없다. 이『고백록』을 쓴 목적은 내 삶의 내면을 정확히 알리는 것이다. 내가 약속했던 것은 영혼의 역사이며, 그것을 충실히 집필하기 위해서는 다른 기록들이 필요치 않다."

1742년 7월 바랑 부인과 헤어진 루소는 리옹을 거쳐 파리로 가서 새로운 악보 표기법을 밑천으로 삼아 살아갔다. 얼마 후 〈파리 과학아카데미〉에서 「새로운 악보 기호에 관한 제안」을 발표했으나 반응은 그리 신통치 않았다. 그러나 이때 마리보, 퐁트넬, 마블리 신부 등을 만났으며, 15년 간 돈독한 우정을 맺었다가 나중에 돌아선 문제의 디드로도 만났다.

그 후 루소는 카스텔 신부의 소개로 뒤팽 부인을 만나 오랜 친교를 맺는다. 1743년 봄부터는 뒤팽 부인의 살롱을 출입했으며, 뒤팽 부인의 전실 자식인 프랑쾨유와 화학 공부에 몰두하기도 했다. 6월에는 베네치아 주재 프랑스 대사인 몽테귀 백작의 비서가 되어 베네치아로 떠났다. 이탈리아와 이탈리아 음악에 매료된 루소는 오페라와 곤돌라 뱃사공이 부르는 뱃노래 바르카롤 등의 베네치아 민요 그리고 스쿠올레(scuole; '학교'라는 뜻의 복수로, 자선기관이나 고아원을 가리킨다. 여기서 아이들에게 음악교육을 철저히 시켰다고 한다.)의 음악에 큰 관심을 표명했다.

이듬해 8월 대사와 갈등 끝에 비서직을 사직한 루소는 니옹에 있는 아버지를 만난 뒤 리옹을 거쳐 가을쯤에 파리에 도착한다. 그는 달랑베르와 콩디야크 등이 주선한 모임에서 디드로와 다시 만나 친분을 맺었다.

1745년 3월 루소는 스물세 살의 나이에 생캉텐 여관의 세탁부로 일하던 오를 레앙 출신의 테레즈를 만난다. 이듬해 가을에는 테레즈와의 사이에 첫아이를 보았으나 고아원에 맡겼고, 그 뒤 태어난 네 아이들도 모두 고아원으로 보냈다. 이로 인해 루소는 세간의 지탄을 받았다.

한편 1748년에는 디드로와 달랑베르가 영어로 된 체임버스의 대사전을 번역하는 수준의 백과전서를 기획했는데, 루소도 여기에 참여했고, 이듬해 초 자기 몫의 원고를 끝냈다. 하지만 이 백과전서의 발간은 디드로가 『맹인들에 대한 편지』라는 책 때문에 뱅센 탑에 투옥됨으로써 중단되고 말았다.

루소와 뒤팽 부인

30년 동안 내 성향에 따라주었던 운명이
다음 30년 동안에는 내 천성을 거역해 버렸다

여러분은 내 평화로운 젊음이 그다지 큰 시련이나 대단한 행운 없이 조용하고 즐겁게 흘러가는 것을 보았다. 이렇듯 평범함 삶은 대부분, 격렬하지만 나약하며 무슨 일을 성급하게 벌이다가 그보다도 더 쉽게 맥이 빠져 버리고, 극심한 동요가 일면 휴식을 그만두는 성격 탓이다. 하지만 나른해지면 취향에 따라 다시 휴식상태로 되돌아간다. 이러한 성격 때문에 나는 대단한 미덕이나 대단한 악덕과는 훨씬 더 거리가 멀어져 항상 한가롭고 조용한 삶 - 나는 이런 생활을 위해 태어난 것처럼 느껴졌다 - 으로 되돌아갔으며, 선이든 악이든 결코 큰일을 할 수가 없었다.

그런데 곧 얼마나 다른 장면을 연출해야 할 것인가! 30년 동안 내 성향에 따라 주었던 운명이 다음 30년 동안에는 내 천성을 거역해 버렸다. 여러분은 내가 처한 상황과 내 성향 사이의 끊임없는 대립으로부터 엄청난 과오들과 불행들 그리고 강인함의 미덕 외에 고난을 영예롭게 만들 수 있는 모든 미덕들이 생겨나는 것을 볼 수 있을 것이다.

나는 내 불행은 쉽게 잊어도
내 잘못은 잊을 수 없다

이 작업에서 내 기억을 보충하고 내 길잡이가 되도록 모아 두었던 서류들이 더 이상 내 것이 아니었고, 다시는 내 수중으로 돌아오지 않을 것이다. 그러나 내게는 믿을 수 있는 충실한 길잡이가 하나가 있다. 그것은 내 존재의 연속성을 나타냈던 감정들의 연쇄, 그리고 감정들을 통해 그 원인이자 결과였던 사건들의 연속성을 나타냈던 감정들의 연쇄이다. 나는 내 불행은 쉽게 잊어도 내 잘못은 잊을 수 없다. 그리고 아직도 내 선량한 감정은 훨씬 더 잊혀지지 않는다. 그것에 대한 기억은 너무나 소중해서 내 마음에서 절대 지워지지 않기 때문이다.

내가 사실들을 빠뜨리거나 순서를 바꾸거나 날짜를 몇 개 착각할 수는 있다. 그렇지만 내가 느꼈던 것이나 내 감정에 따라 했던 것에 대해서는 속일 수 없다. 이것이야말로 현재 내 작업의 아주 중요한 결과와 연결되어 있기 때문이다. 내 『고백록』의 본래 목적은 내 삶의 모든 상황들에서 나의 내면을 정확히 알리는 것이다. 나는 내 영혼의 역사를 약속했고, 그것을 충실하게 쓰기 위해서 내게는 다른 기록들이 필요치 않다. 지금껏 했던 것처럼 자신의 내면으로 돌아가는 것만으로도 충분하다.

어떤 문제에만 심오한 지식을 갖는 것이
모든 방면에 지식을 두루 갖추었지만 당면 문제에 대해
공부하지 않은 것보다 낫다

내게는 다음과 같은 사실에 주목할 만한 이유가 있었다. 즉, 아무리 편협하게 이해하고 있더라도 어떤 문제에만 심오한 지식을 갖는 것이, 어떤 문제를 잘 판단하는 데 온갖 학문을 연마하여 모든 방면에 지식을 두루 갖추었지만 당면 문제에 대해 별로 공부하지 않은 사람보다 훨씬 더 낫다는 사실이다.

사람들을 방문해야 한다는 필요성이
나로 하여금
그런 방문을 하기 힘들게 만들었다

나는 나태하고 고독한 생활을 석 달 동안 계속할 수단도 없으면서, 안도감과 즐거움과 자신감을 갖고 이러한 생활에 빠졌다. 이런 것들이야말로 내 생애의 특이한 점 중 하나이자 내 기질의 기묘한 점 중 하나이다. 나는 나에 대한 다른 사람들의 평가에 매달렸는데, 바로 그것이 남들 앞에 나를 보여줄 용기를 빼앗아가 버렸다. 그리고 사람들을 방문해야 한다는 필요성이 나로 하여금 그 방문을 견디기 힘들게 만들었다. 그래서 나는 이미 사귀었던 아카데미 회원들이나 또 다른 문인들을 만나는 것조차 그만둘 정도였다. 내가 계속해서 가끔씩 보는 사람들은 마리보, 마블리 신부, 퐁트넬 정도였다.

이들보다 훨씬 젊은 디드로(Diderot)는 거의 내 또래였다. 그는 음악을 좋아했고 이론에도 밝아 우리는 함께 음악에 대해 논하기도 했다. 또 그는 내게 자신의 저술 계획 몇 가지를 말해 주었다. 그래서 우리는 곧 친밀한 사이가 되었고, 그것은 15년 간이나 계속되었다. 하지만 유감스럽게도 — 분명 그의 잘못이긴 하지만 — 내가 그와 같은 직업에 몸담았기 때문에 이 우정은 깨지고 말았다.

오늘 외운 것을 복습하는 동안에
어제 것은 까맣게 잊었지만 결코 실망하지 않았다

내가 빵을 구걸해야만 했을 때까지 내게 남은 이 짧고 귀중한 기간을 어디에 썼는지 아무도 상상하지 못할 것이다. 내가 백 번은 외우고 또 백 번은 잊어버린 시인들의 명구를 외우는 데 시간을 썼던 것이다. 매일 아침 열 시경이면 베르길리우스나 루소(시인 장 바티스트 루소 Jean-Baptiste Rousseau)의 시집 하나를 주머니에 넣고 뤽상부르 공원으로 산책을 나갔다. 그리고 점심 때까지 그곳에서 성가나 목가를 다시 외웠다. 오늘 외운 것을 복습하는 동안에 어제 것은 까맣게 잊었지만 결코 실망하지 않았다. 나는 니키아스가 시라쿠사에서 패한 뒤, 포로가 된 아테네 사람들이 호메로스의 시를 암송하며 밥을 벌어먹었다는 이야기를 떠올렸다. 궁핍에 대비하기 위해 내가 이러한 역사적 일화에서 얻은 유익함은 나의 잘난 기억력을 시인들의 시를 암기하는 데 쓴 것이었다.

뛰어나기만 하면 반드시 사회에서 특별한 대접을 받는다.
그러므로 무엇이든지 뛰어나 보자

어떤 철없는 짓에 열중하든 나는 항상 거기에 똑같은 논법을 적용했다. 나는 스스로에게 말했다.

"누구든지 무슨 일에서든 뛰어나기만 하면 반드시 사회에서 특별한 대접을 받는다. 그러므로 무엇이든지 뛰어나 보자. 그러면 세상 사람들은 나를 찾을 것이다. 기회는 생길 것이고, 나머지는 내 재능에 달린 일이다." 물론 이런 유치한 생각은 내 이성이 아니라 내 나태에서 나온 궤변이었다. 혼신을 다하기 위해 필요했을 엄청나고 신속한 노력들에 미리 겁을 먹은 나는 내 게으름에 영합하려고 애썼고, 내 게으름에 걸맞은 핑계를 대면서 그것에 대한 부끄러움을 숨겼다.

파리에서는 여성들 없이는
아무 일도 할 수 없답니다

카스텔 신부는 좀 이상하지만 마음씨는 좋았다. 내가 아무런 목적 없이 이렇게 스스로 피폐해지는 것을 보고 안타깝게 여기고 있었다. 그는 나에게 이렇게 말했다.

"음악가나 학자들이 당신 장단에 춤을 추지 않으니 생각을 달리해 여성들에게 맞춰 보시오. 당신은 어쩌면 그 방면에서 더 잘 성공할 것 같소. 브장발 부인에게 당신 이야기를 해두었으니, 내 이름을 대고 한 번 만나러 가시오. 그녀는 아들과 남편의 한 고향 사람이라면 기꺼이 만나 줄 착한 부인이오. 그 댁에 가면 딸 브로이유 부인을 보게 될 텐데, 그녀는 재치가 있습니다. 또 한 사람 뒤팽 부인에게도 당신 말을 해두었으니 그 부인에게는 당신의 저서를 갖고 가시오. 당신을 보고 싶어 하니까 기꺼이 반겨 줄 것이오. 파리에서는 여성들 없이는 아무 일도 할 수 없답니다. 여성들은 곡선이고 현명한 남성들은 그 점근선들(漸近線, asymptotes)입니다. 그래서 그들은 그 곡선에 끊임없이 접근해 가지만 절대로 닿지는 못하지요."

나는 외국에서 친구도 조언해 주는 사람도 경험도 없이 이민족에게 봉사하고 있었다

나는 이 같은 일(베네치아 주재 프랑스 대사인 몽테귀 백작의 비서직)을 늘 정직함과 열의와 용기를 갖고 했는데, 이런 자세는 내가 마지막에 그(대사)에게서 받았던 보상과는 아주 다른 보상을 받아야 했다. 내게 좋은 성격을 부여했던 하늘과 가장 훌륭한 여성에게서 받은 교육과 또 내가 스스로에게 부여했던 교육 덕분에 나는 그런 사람이 될 때였고 또 그런 사람이 되었다. 나는 외국에서 스스로의 성찰에만 의지하면서 친구도 조언해 주는 사람도 경험도 없이, 사기꾼들 무리에 둘러싸인 채 이민족에게 봉사하고 있었다. 그리고 그 사기꾼들은 자기들의 이익을 위해 또 훌륭한 모범을 보이는 나 때문에 생기는 물의를 덮기 위해 자기들을 따라하도록 나를 꼬드겼다. 하지만 나는 그런 일을 마다하고 아무런 혜택도 입은 적이 없는 프랑스에 충성했고, 대사를 위해 마땅히 내게 맡겨진 일에 더욱 최선을 다했다.

나는 정의를 사랑했기 때문에
누가 불평하기 전에 이미 스스로 손해를 감수했다

완전히 사심을 버리고 내가 할 수 있는 일은 모두 하고 있을 때, 내 돈을 써가며 봉사하지는 않을 정도로 이 모든 자질구레한 세부사항에 충분한 질서를 부여했더라면 얼마나 좋았을까! 내가 맡고 있는 그런 자리에서는 아무리 사소한 잘못이라도 중대한 결과를 초래하기 때문에 직무에 어긋나는 실수를 안 하려고 최대한 주의를 기울였다. 나는 본연의 의무에 관한 모든 것들을 끝까지 잘 정리하고 빈틈을 보이지 않았다. 암호 문서를 쓸 때 무리한 독촉을 받아 서두르는 바람에 몇 번 실수를 저질러 아믈로 씨의 서기들에게 한 번 핀잔을 들은 것을 제외하면, 대사나 누구에게도 내 직무들 중 무엇 하나 소홀했다는 비난을 들어보지 않았다. 이것은 나처럼 게으른 사람으로서는 놀랄 만한 일이다.

하지만 내게 주어진 사적인 일들을 처리할 때는 종종 기억하지 못하고 신경도 덜 썼다. 그래도 나는 정의를 사랑했기 때문에 누가 불평할 생각을 하기 전에 이미 스스로 손해를 감수했다.

업무에 충실함으로서 훌륭한 업무에 따르는
자연스러운 보상을 열망하는 것은 지극히 당연하다

지금에야 말하지만, 나는 내 이름을 알릴 기회를 피하지는 않았다. 하지만 무조건 그런 기회를 찾지는 않았다. 업무에 충실함으로서 중요한 업무에 따르는 자연스런 보상을 열망할 권리를 갖는다는 것은 지극히 당연하다고 생각했다. 그 보상이란 내 업무를 판단하고 그것에 대해 보상해 줄 수 있는 사람들의 인정이다. 내가 빈틈없이 직무를 수행하는 것이 대사(大使)가 품은 불만의 정당한 이유였는지 아닌지는 말할 수 없다. 하지만 그것이 우리가 헤어지기 전에 그가 말한 유일한 불만이었다는 것은 분명히 말할 수 있다.

파리 사람들이 이탈리아 음악에 대해 갖는 편견을 나도 갖고 있었다. 하지만 나는 타고난 감수성과 꼼꼼한 변별력도 지니고 있었다. 그래서 나는 이내 음악의 탁월함을 고취시킨 이탈리아 음악에 대해 열정을 갖게 되었다. 곤돌라 뱃사공이 부르는 뱃노래 바르카롤을 들으면서 그때까지 그런 훌륭한 노래를 들어본 적이 없다고 생각했다. 또 오페라에 매우 심취하게 되었다. 그래서 오페라에만 귀를 기울이고 싶을 때 사람들이 칸막이 좌석에서 수다를 떨고 무엇을 먹고 노름을 하면 그만 짜증이 나서 종종 다른 쪽으로 빠져나가곤 했다. 거기서 혼자 내 좌석에 틀어박혀 상연 시간이 아무리 길어도 편안하게 그리고 끝까지 그것을 듣는 즐거움에 빠져 있었다.

하루는 성 크리소스톰 극장(St. Chrysostom Theater)에서 내 침대에서보다도 훨씬 더 깊은 잠에 빠져 버렸다. 떠들썩하고 화려한 아리아조차 내 잠을 방해하지 못했다. 하지만 유일하게 나를 깨운 아리아의 부드러운 화음과 천사 같은 노래가 내게 준 그 감미로운 감동을 어느 누가 설명할 수 있겠는가? 내가 귀와 눈을 열었던 바로 그 순간 느낀 각성과 황홀함과 도취란 이루 말할 수 없었다. 내 머리에 떠오른 첫 번째 생각은 내가 낙원에 있다고 믿는 것이었다. 내가 아직도 기억하고 있고 결코 잊지 못할 이 황홀한 아리아는 이렇게 시작된다.

나를 지켜 주오, 아름다운 여인이여.
그대는 이렇게 내 마음을 타오르게 한다네.
Conservami la bella,
Che si m'accende il cor.

사창가를 따라간 것은
'너무 어수룩하게 보이지 않고 싶어서' 그런 것이다

이미 연세가 지긋하고 존경할 만한 피아티 백작은, 이탈리아 사람에게 기대했던 것 이상으로 솔직히 말했다. 내가 적에게 안내를 받아 사창가에 따라갈 만큼 그렇게 어리석지는 않아 보인다고 말이다. 사실 나는 그럴 생각이 없었다. 하지만 나 자신도 이해하기 어려운 모순에 의해 순순히 끌려가 버렸다. 이는 내 취향이나 심성이나 이성이나 심지어 의지와 달랐지만, 나는 오로지 마음이 약하고 자신 없음을 보여주는 것이 창피해서, 게다가 이 나라 사람들이 말하듯 '너무 어수룩하게 보이지 않고 싶어서' 그런 것이다.

**자연은 내 가슴속에는 행복에 대한 갈망을 집어넣었고
내 머릿속에는 그 행복을 죽여 버리는 독을 불어넣었다**

이 매혹적인 소녀의 매력과 우아함을 상상하려고 애쓰지 마라. 당신이
아무리 상상해도 진실과는 너무 동떨어져 있을 것이다. 수도원의 젊은
처녀들도 이렇게 싱싱하지는 못할 것이며, 터키 후궁(the seraglio)의 미
녀들도 이토록 생기발랄하지는 못할 것이고, 독실한 이슬람 교도에게
약속된 천국의 미녀들(houris)도 이만큼 짜릿하지는 못할 것이다. 이토
록 달콤한 향락은 결코 인간의 마음과 감각에 주어진 적이 없었다. 아!
적어도 한순간만이라도 그것을 완전히 맛볼 수 있었다면! 나는 그것을
맛보았지만 매혹은 없었다. 나는 그 모든 즐거움을 감퇴시켰고 마음대
로 그것을 파괴해 버렸다. 아니, 자연은 애당초 내가 즐거움을 누리도
록 만들지 않았다. 자연은 내 가슴속에는 말할 수 없는 행복에 대한 갈
망을 집어넣었고, 내 초라한 머릿속에는 그 행복을 죽여 버리는 독을
불어넣었다.

그녀는 사랑스럽고 선량하고 너그럽다.
그렇지만 그녀는 창녀에 불과하지 않은가

지금 내 마음먹은 대로 할 수 있는 이 대상은 사랑의 걸작으로, 그녀의 재치와 됨됨이는 완전무결에 가깝다. 그녀는 사랑스럽고 아름다울 뿐만 아니라 선량하고 너그럽다. 그렇지만 그녀는 세상 남자들에게 몸을 맡기는 하찮은 창녀에 불과하지 않은가. 일개 상선의 선장도 그녀를 마음대로 한다. 그녀는 내가 한 푼도 없다는 것을 알고 있고 또 그녀가 알 수 없는 내 재능은 그녀가 보기에 아무것도 아닌데도 내게 수작을 걸고 있다. 여기에는 상상도 못할 것이 존재한다. 내 마음이 나를 속이고 내 감각을 사로잡아 일개 천한 매춘부에 속아 넘어가게 했든지, 아니면 내가 모르는 어떤 은밀한 결점이 그녀의 매력이 내는 효과를 파괴하고, 또 그녀를 놓고 서로 다투어야만 할 사람들이 그녀를 추악하게 만들었던 것이다.

사리사욕은
결코 위대하고 고귀한 것을 낳은 적이 없다

내 고소가 정당하지만 소용이 없다는 것은 이 얼빠진 사회제도에 대한 분노의 싹들을 내 마음속에 뿌려 놓았다. 이런 제도에서는 공동선과 참다운 정의가 항상 내가 알지도 못하는 어떤 표면적인 질서에 의해 희생된다. 이런 제도는 모든 질서를 파괴하며 약자에 대한 억압과 강자의 부정 행위를 공적인 권위를 갖고 추가적으로 승인하는 데 불과하다.

당시에는 두 가지 요인이 이 싹들의 성장을 방해했기 때문에 그 이후에야 비로소 이 싹이 성장하게 되었다. 그중 하나는 이 일이 나 자신과 관련되었다는 것이다. 결코 위대하고 고귀한 것을 낳은 적이 없는 사리사욕은 신성한 충동을 내 마음에서 이끌어낼 수 없다. 그것은 오직 정의와 숭고함에 대한 가장 순수한 사랑에만 속하기 때문이다. 또하나는 우정의 매력이다. 그것은 더욱 부드러운 감정의 지배력을 통해 내 분노를 진정시키고 누그러뜨렸다.

오, 나의 테레즈여!
나는 그저 얌전하고 건강한 너를 갖게 되어, 너무나 행복하다

나는 그녀에게 그녀를 버리지 않겠지만 결코 결혼하지도 않을 것이라고 먼저 선언했다. 사랑과 존경과 순진한 진실함은 내게 승리를 가져다 준 수단이었다. 그녀의 마음이 부드럽고 정숙했기 때문에 나는 그녀에게 적극적이지 않았으면서도 행복했다.

그녀는 내가 자기에게서 찾으려 하는 것을 찾지 못해 화를 내지나 않을까 염려했다. 우선 그런 염려가 내 행복을 늦추었다. 나는 그녀가 몸을 허락하기 전에 어쩔 줄 모르고 당황해 하고 자기 마음을 이해시키려 하면서도 감히 이유를 설명하지 못하는 것을 알았다. 나는 그러한 당혹감의 진정한 원인을 생각해 내기는커녕 터무니없이 그녀의 도덕성에 대해 아주 모욕적인 원인만을 생각해 냈다. 그리고 그녀가 내 건강이 위험해질 수 있다고 경고하고 있다는 생각이 들어 난감한 상태에 빠졌다. 그렇다고 단념하지는 않았지만 며칠 동안 내 행복은 망가져 버렸다.

우리는 서로를 이해하지 못했기 때문에 이 문제에 대한 우리의 대화는 온통 우스꽝스러운 수수께끼와 횡설수설로 이어졌다. 그녀는 내가 완전히 미친 것으로 여기려 했고, 나는 나대로 그녀에 대해 더 이상 어떻게 생각해야 할지 모를 지경이었다. 마침내 우리는 서로의 생각을 털어놓았다. 그녀는 자신의 무지로 어떤 호색한의 교활함에 넘어가 소녀 시절이 끝날 무렵 딱 한 번 잘못을 저질렀다고 울면서 고백했다. 나는 그녀가 의미한 바를 이해하자마자 환호성을 질렀다.

"처녀라고!" 나는 외쳤다. "파리에서, 그것도 바로 스무 살에! 말도 안 되는 소리! 오, 나의 테레즈여! 나는 그저 얌전하고 건강한 너를 갖게 되어, 또한 처녀를 찾지도 않았기에 네가 처녀가 아닌 것을 알았어도 너무나 행복하다."

(루소는 1744-45년 사이 겨울에 생캉텐 여관에 머물면서 그곳 세탁부로 일하던 테레즈 르바쇠르(Therese Levasseur; 1721-1801)를 만났다. 그녀는 평생 루소를 돌보며 다섯 명의 자녀를 두었는데, 이들이 모두 고아원으로 보내진 것으로 보아 루소는 아내라기보다는 육체적 만족을 위해 그녀와 동거한 것으로 보인다.)

나에게는 전부가 아니면 무였지
그 중간이란 없었다

사생활의 행복이 내가 단념한 찬란한 운명을 보상해 줄 필요가 있었다. 내가 완전히 혼자였을 때 내 마음은 공허했는데, 그것을 채우기 위해서는 또 다른 마음이 필요했다. 자연은 그런 마음을 위해 나를 만들어 놓았는데, 운명은 적어도 내게 부분적으로 그 마음을 빼앗고 나로부터 그 마음을 멀어지게 했다. 그때부터 나는 혼자였다. 왜냐하면 나에게는 전부가 아니면 무였지 그 중간이란 없었기 때문이다. 나는 테레즈에게서 내가 필요로 하는 보완물을 발견했다. 나는 그녀 덕분에 세상 만사가 흘러가는 대로 내가 행복할 수 있는 한 행복하게 살았다.

산파는 통상적인 절차에 따라
아기를 고아원 사무실에 맡겼다

이것이(아이를 고아원에 맡기는 것) 내가 찾던 방책이었다. 나는 조금도 양심의 가책 없이 담담하게 그렇게 결정했다. 내가 극복해야 했던 유일한 것은 테레즈가 받은 양심의 가책이었다. 그녀의 명예를 지킬 이 유일한 수단을 그녀가 받아들이도록 하려고 나는 온갖 노력을 다했다. 그런데 그녀의 어머니가 식구가 늘어 생길 새로운 곤경을 더 걱정하여 나를 도와주는 바람에 테레즈도 그에 순순히 따랐다. 우리는 생퇴스타슈의 모퉁이 끝에 사는 신중하고 믿을 만한 산파 구앵 양을 택했다.

출산일이 다가오자 테레즈는 자기 어머니의 부축을 받고 구앵 양 집으로 몸을 풀러 갔다. 나는 구앵 양을 만나러 그곳에 여러 번 갔다. 한 번은 내가 두 장의 카드에 이중으로 쓴 이름 머리글자를 가지고 갔다. 한 장은 아기의 배냇저고리에 집어넣고, 산파는 통상적인 절차에 따라 아기를 고아원 사무실에 맡겼다. 바로 다음 해에도 같은 불편을 같은 방법으로 해결했다. 다른 게 있다면 이름 머리글자인데, 이는 빼먹었다. 나도 더 이상 깊이 생각하지 않았고 아기 엄마에게도 더 이상 동의를 구할 것이 없었다. 테레즈는 울먹이면서 따랐다. 여러분은 파멸을 초래하는 이런 행실이 내 사고방식과 내 운명에 끼친 우여곡절을 차례로 보게 될 것이다. 지금으로서는 그 처음 시기로 만족하자. 끔찍하고 예기치 못한 그 결과로 인해 나는 신물이 나도록 이 이야기를 되풀이해야 할 것이다.

정해진 날까지 일을 끝낸 사람은
나 혼자뿐이었다

우리 셋은 도심에서 서로 멀리 떨어진 구역에 살고 있어서 일주일에 한 번씩 〈팔레 루아얄〉(the Palais Royal; 파리에 있는 극장)에 모여 파니에 플뢰리 호텔로 점심을 먹으러 가곤 했다. 디드로는 일주일에 한 번 갖는 이 조촐한 오찬이 무척 즐거웠던 게 틀림없었다. 왜냐하면 약속 모임이라면 지킨 적이 드물었던 디드로가 이 모임만은 한 번도 빠지지 않았기 때문이다. 나는 거기서 「야유꾼」(Le Persifleur)이라는 정기 간행물을 계획하고 디드로와 내가 교대로 만들기로 했다. 첫 호는 내가 초고를 썼다. 이를 계기로 나는 달랑베르(Jean Le Rond d'Alembert; 1717~1783, 프랑스의 수학자이자 물리학자이며 철학자로 디드로와 함께 『백과전서』의 발간을 주도했고, 그 '서론'을 쓰기도 했다.)와 알게 되었다.

이 두 저술가는 『백과전서』(Dictionnaire Encyclopedique)의 기획에 착수했다. 처음에는 디드로가 막 번역을 끝낸 제임스(Robert James; 1703~1776, 영국의 의사. 1743년 런던에서 『의학과 외과학 대사전』을 출간했으며, 이 책의 프랑스어 판이 1746년부터 1748년에 걸쳐 파리에서 여섯 권으로 출간되었다.)의 『의학사전』처럼 체임버스가 쓴 대사전을 번역

하는 것으로 끝내려고 했다.(1728년 체임버스가 런던에서 『사이클로피디아: 예술과학대사전』(Cyclopaedia: An Universal Dictionary of Arts and Science)을 발간해 뜨거운 반응을 얻자 이에 고무된 앙드레 르 브르통은 이 백과사전을 번역해 다섯 권짜리로 제작하려고 했다. 하지만 1745년 번역 작업이 무산되자 1747년 10월 디드로와 달랑베르에게 총책임을 맡겨 독자적인 『백과전서』 작업에 들어갔다.)

디드로는 이 두 번째 기획의 어떤 작업에 내가 참여하기를 원했고, 또 내게 음악 부분을 맡아달라고 제안해서 나는 그 제안을 받아들였다. 이 기획에 참여한 모든 집필진들에게 주어진 석 달 동안에 서둘러 대충 내 분량을 끝냈다. 그렇지만 정해진 날까지 일을 끝낸 사람은 나 혼자뿐이었다. 나는 프랑쾨유 씨의 하인이지만 글씨를 아주 잘 쓰는 뒤퐁에게 원고를 정서시킨 다음 디드로에게 넘겼다. 그리고 뒤퐁에게 내 주머니에서 10크라운을 지불했으나 그 돈은 끝내 내게 돌아오지 않았다.

제 8 권

1748~1755

루소는 여기서부터는 자신에게 계속 불어 닥치는 불행의 시작이라고 고백한다.

20여 일 동안 감옥에 있었던 디드로는 익명으로 발행된 『맹인들에 대한 편지』가 자기가 쓴 책이라고 자백하고, 앞으로는 감독관의 허락을 받고 글을 쓰겠다는 선서를 했다. 며칠 후 그는 뱅센의 성과 공원에서 산책하거나 가족과 친구들을 면회할 수 있다는 허가를 받았다.

1750년 초 외로움을 느낀 루소는 뒤팽 부인의 도움을 받아 생토노레 거리에 방을 얻어 테레즈와 살림을 차린다. 여름에는 「학문예술론」이 〈디종 아카데미〉의 현상 논문에 당선되었으며, 책으로도 선보였다.

1752년 봄과 여름에 걸쳐 루소는 막간극 〈마을의 점쟁이〉를 작곡한 뒤 파리에서 공연하려고 했다. 공연에 대한 모든 권한을 뒤클로에게 넘겼으나 왕실 시종장 도몽의 압박에 못 이겨 결국 10월 18일 퐁텐블로에서 루이 15세와 퐁파두르 부인이 참석한 가운데 초연하여 대성공을 거두었다. 다음 날 루이 15세는 루소에게 연금을 하사하겠다고 했으나 거절했다. 그러자 디드로가 루소에게 연금을 받으라고 조르는 바람에 루소와 디드로의 사이가 벌어지고 말았다. 큰 인기를 얻은 〈마을의 점쟁이〉는 이듬해 3월 오페라 극장에서도 상연되었다.

그해 11월 『메르퀴르 드 프랑스』에 「인간들 사이에 생기는 불평등의 기원은 무엇인가, 그리고 그것은 자연법에 의하여 허용되는가?」란 제목의 〈디종 아카데미〉 현상 논문 공모 공고가 실리자 루소는 여기에 응모하기로 한다. 이 주제를 편안하게 고찰하기 위해 테레즈와 함께 생제르맹으로 일주일 정도 여행을 떠나는데, 루소는 이를 가장 즐거웠던 산책이라고 고백하고 있다. 이후 현상논문 주제에 몰두하면서 "늘 자연에 대해 불평하는 어리석은 자들이여! 당신네들의 모든 불행은 당신네들로부터 생겨나 당신네들에게 오는 것임을 깨달아라"라는 성찰에 이른다.

바로 이러한 성찰에서 「인간 불평등 기원론」이 싹트게 되었다. 이 논문은 1754년 4월 샹베리에서 완성했다. 그해 6월 루소는 친구 고프쿠르의 권유로 테레즈와 제네바로 함께 떠난다. 여행 도중 리옹에서 고프쿠르와 헤어진 루소는 샹베리에서 초췌해진 바랑 부인을 만난다. 루소는 테레즈와 셋이서 함께 살자고 간청했으나 그녀는 거절했다. 이것이 루소와 바랑 부인의 마지막 만남이었다.

　　8월, 제네바에 도착한 루소는 다시 개신교로 개종하고 제네바의 시민권을 얻었다. 10월, 여행을 떠난 지 넉 달 만에 파리로 돌아온 루소는 「인간 불평등 기원론」의 원고를 암스테르담의 출판업자 마르크 미셸 레에게 넘겼고, 이듬해에 암스테르담에서 책으로 출간되었다.

　　1755년 9월 루소는 데피네 부인의 소유인 라 슈브레트 성에 머물렀는데, 이듬해 데피네 부인이 레르미타주에 거처를 마련해 주어 그곳에 정착했다.

루소와 뒤팽 부인

1751년에 간행된 『백과전서』 제1권의 표지

뭐라고 표현할 수 없는 순간이여!
나는 애정과 기쁨으로 숨이 막혔다

디드로가 탑에서 풀려 나왔으며, 서약서를 쓴 다음 뱅센의 성과 공원으로 감금 장소가 한정되었고 친구들과의 면회도 허락되었다고 한다. 바로 당장 그곳에 달려갈 수 없었던 나는 얼마나 괴로웠던가! 그러나 불가피한 볼일로 뒤팽 부인 댁에서 2, 3일 동안 붙잡혀 있으면서 마치 3, 4백 년을 기다리는 것처럼 초조해 하다가 마침내 친구의 품으로 날아갔다. 뭐라고 표현할 수 없는 순간이여! 그는 혼자 있지 않았다. 달랑베르와 생트 샤펠의 재무 담당관이 그와 함께 있었다. 들어갈 때는 디드로밖에 눈에 띄지 않았고, 나는 겨우 달려가 소리쳤을 뿐이다. 그리고 내 얼굴을 그의 얼굴에 비비고 그를 꼭 껴안고, 오직 눈물과 흐느낌 이외에는 그에게 말을 할 수 없었다. 나는 애정과 기쁨으로 숨이 막혔다. 내 팔에서 풀려 나온 그가 한 첫 동작은 그 성직자에게로 몸을 돌려 다음과 같은 말을 한 것이었다.

"당신이 보시다시피, 친구들은 나를 이토록 사랑하고 있답니다."

기억에 맡겨 놓은 것을 종이에 옮겨 놓는 순간
그 기억은 내게서 달아나 버린다

기억력은 오로지 내가 그것에 의지하는 경우에만 도움이 되었다. 기억에 맡겨 놓은 것을 종이에 옮겨 놓는 순간 그 기억력은 내게서 달아나 버린다. 그리고 무엇이든지 한 번 써놓고 나면 더 이상 그것을 기억하지 못한다. 이런 특이한 성격은 음악에서조차 나를 따라다닌다. 나는 음표의 사용법을 배우기 전까지만 해도 노래를 많이 알고 있었다. 하지만 악보를 보고 충분히 노래를 부를 수 있게 된 순간부터 어느 것 하나 기억할 수 없었다. 내가 가장 좋아하던 노래들 중 지금 그 어느 하나라도 끝까지 외울 수 있을지 의심스럽다.

내 욕정들은 진리와 자유와 미덕에 대한
열광으로 질식되고 말았다

내 감정은 전혀 상상도 못할 정도의 속도로 고조되어 내 사상과 일치
해 갔다. 내 온갖 보잘것없는 욕정들은 진리와 자유와 미덕에 대한 열
광으로 질식되고 말았다. 그리고 가장 놀라운 것은 이러한 흥분이 아
마도 어느 다른 사람의 마음에서도 일찍이 없었다고 할 만큼 고조되어
5년 이상 내 마음속에서 유지되고 있었다는 사실이다.

우정, 신뢰, 친밀감, 상냥한 마음씨,
이것들은 얼마나 구미를 돋우는 양념인가!

이런 상황에서는 창문이 식탁을 대신했다. 우리는 신선한 공기를 마시면서 주위의 경치나 지나가는 행인들을 볼 수 있었고, 비록 5층이라도 먹으면서 거리를 내려다볼 수 있었다. 고작 큰 빵을 넷으로 쪼갠 한 조각, 약간의 버찌, 치즈 한 조각, 우리 둘이서 마시는 포도주 반 잔 정도인 이런 식사의 매력을 누가 묘사할 수 있으며, 누가 그것을 느낄 수 있을까! 우정, 신뢰, 친밀감, 상냥한 마음씨, 이것들은 얼마나 구미를 돋우는 양념인가! 가끔 우리는 늙은 엄마가 깨워 주지 않으면 시간 가는 줄도 몰랐으며, 자정까지 이렇게 앉아 있을 때도 있었다.

이런 아름다운 감정들이 의무를 짓밟는 잔인한 패륜과
한 마음 속에서 조화를 이룰 수 있겠는가?

내가 자연의 부드러운 소리에 귀를 기울이지 않고 정의나 인정의 감정
이 마음속에 전혀 싹트지 않는 천성적으로 나쁜 사람들 중 하나로 태
어났다면, 이러한 냉혹함은 당연한 일일 것이다. 그러나 따스한 마음,
강렬한 감성, 쉽게 애정을 품는 성향, 나를 지배하는 애정의 강렬한 힘,
그 애정을 끊어야만 할 때의 잔인한 고통, 인류를 아끼는 타고난 호의,
위대하고 진실하며 아름답고 정의로운 것에 대한 열렬한 사랑, 모든
종류의 악에 대한 증오심, 미워하거나 해치거나 심지어 그럴 마음조차
먹지 못하는 성격, 고결하고 관대하며 사랑스러운 것을 볼 때마다 느
끼는 부드럽고 강렬한 감정, 이런 것들이 우리의 모든 의무들 중 가장
감미로운 의무를 사정없이 짓밟아 버리는 잔인한 패륜과 한 마음 속에
서 조화를 이룰 수 있겠는가? 아니다. 나는 그것을 느끼고 솔직히 그것
은 불가능하다고 말한다.

나의 잘못은 크지만
그것은 실수였다

나의 잘못(아이들을 고아원에 맡긴 것)은 크지만 그것은 실수였다. 나는 의무를 소홀히 했다. 하지만 남을 해치려는 생각은 전혀 없었다. 그리고 본 적도 없는 자식들을 위해 아비로서 느끼는 감정이 그리 복받치지는 않았다. 그러나 우정의 신뢰를 배반하는 것, 모든 계약들 중 가장 신성한 계약을 깨뜨리는 것, 우리에게 털어놓은 비밀을 폭로하는 것, 우리에게 배신하고 결별하면서도 아직 우리를 존경하는 친구를 멋대로 모욕하는 것, 그런 것들은 과실이 아니라 정신의 비열함이며 가증스러움의 극치이다.

나는 남들의 판단에 신경 쓰지 않고
내게 좋은 일로 보이는 것을 행하기 위해
혼신을 기울였다

나는 재산을 모으거나 출세하겠다는 모든 계획들을 영원히 포기했다. 나는 얼마 남지 않은 여생을 자유로운 독립 상태에서 청빈하게 보내기로 마음먹었다. 그래서 편견의 사슬을 끊고 남들의 판단에 조금도 신경 쓰지 않고 내게 좋은 일로 보이는 것은 모두 용감하게 행하기 위해 혼신을 기울였다. 맞서 싸워야만 했던 장애들과 그것을 물리치기 위해 들였던 노력은 믿을 수 없을 정도이다. 나는 가능한 한의, 그리고 또 기대 이상의 성과를 거두었다. 내가 편견의 굴레에서와 마찬가지로 우정의 굴레에서도 벗어났더라면, 일찍이 인간이 상상할 수 있었던, 아마도 가장 위대한, 적어도 미덕에 가장 유익한 내 계획이 성취되었을 것이다.

세상에 알려지지 않고 살았을 동안
나는 단 한 사람의 적도 없었다
그러나 내가 명성을 얻은 순간 한 명의 친구도 없었다

나는 가장 위대하고 현명하다고 자처하는 속된 종족들의 어리석은 판단을 경멸하면서도, 스스로 친구라고 자처하는 사람들에게는 어린아이처럼 끌려다니며 고초를 겪었다. 그들은 나 홀로 새로운 길을 걷는 것을 보고 질투가 나서, 나를 행복하게 해주려고 무척 애쓰는 것처럼 보이지만 사실은 조롱거리로 만드는 데 전념했고, 다음에 나를 중상모략하는 데 성공할 수 있도록 우선 내 품위를 떨어뜨리는 데 주력했다. 그들이 나를 시기한 것은 내 문학적 명성보다도 나 자신의 개혁이었는데, 이 무렵이 그 개혁이 시작되는 시기였다.

　내가 글을 쓰는 재주에서 두각을 나타내는 것이라면 아마 그들은 나를 용서했을지 모른다. 그러나 내가 행동을 통해 그들을 귀찮게 하는 것은 용서할 수 없었다. 나는 우정을 위해 태어난 사람이었다. 나의 마음과 유순한 기질은 별다른 어려움 없이 우정을 키워 나갔다. 세상에 알려지지 않고 살았을 동안 나는 개인적으로 아는 모든 사람들에게 사랑을 받았고 단 한 사람의 적도 없었다. 그러나 내가 명성을 얻은 순간 한 명의 친구도 없었다. 그것도 매우 큰 불행이지만, 그것보다 훨씬 더 큰 불행은 스스로를 내 친구라고 하면서도, 친구로서 부여받은 권리들을 그저 나를 파멸로 이끌기 위해서 행사하는 사람들에 둘러싸여 있다는 것이었다.

그들은 내가 본의 아니게
그들에게 신세지도록 만들기를 원했다

그 무렵 나는 가난하게 독립적으로 산다는 것이 생각처럼 그리 쉽지 않다는 것을 느꼈다. 나는 내 직업으로 먹고살기를 원했지만 세상은 그렇게 놔두지 않았다. 사람들은 자기들 때문에 내가 허비한 시간을 보상해 주려고 오만 가지 수단들을 생각해 냈다. 그들의 호의를 받아들이면 틀림없이 나는 일인당 얼마를 받는 꼭두각시로 비쳤을 것이다. 나는 이보다 잔인하고 치사한 굴종은 알지 못한다. 이에 대한 해결책으로는 크든 적든 모든 선물들을 거절하고 그가 누구이든 간에 예외를 만들지 않는 것밖에 없다고 보았다. 그러나 이 모든 해결책은 도리어 선물을 주는 사람들을 늘려 놓았을 뿐이었다. 그들은 나의 사양을 물리치는 영광을 갖고, 내가 본의 아니게 그들에게 신세지도록 만들기를 원했다. 내가 부탁했더라면 나에게 한 푼도 주지 않았을 사람이 선물 공세로 끊임없이 나를 귀찮게 했다. 그것이 거절당하면 앙갚음으로 내가 거만하다는 둥 과시라는 둥 온갖 비난을 퍼부었다.

이러한 용기는 이성의 힘에서 나온 것이라기보다는 뒤로 물러설 여지가 없어서 나왔을 것이다

나는 그날 수염은 텁수룩했으며 가발은 대충 빗질한 채 평소와 마찬가지로 아무렇게나 차려입었다. 나는 이러한 결례를 용감한 행위라 여기고, 잠시 후 왕과 왕비와 왕족들을 비롯한 만조백관이 오기로 되어 있는 극장으로 들어갔다.(오페라 〈마을의 점쟁이〉의 초연 당시의 이야기이다.) 나는 퀴리 씨의 안내로 칸막이 좌석에 자리를 잡았는데, 무대 측면 위층의 그 커다란 칸막이 좌석은 그의 자리였다. 맞은편에는 더 높은 곳에 위치한 작은 칸막이 좌석이 있었는데, 거기에는 왕이 퐁파두르 부인(Madam de Pompadour; 루이 15세의 정부情婦로 궁정의 제2인자 노릇을 했다.)과 함께 앉았다. 귀부인들에게 둘러싸인 칸막이 좌석 앞에 남자라고는 나 혼자뿐이었다.

불이 켜지자 한결같이 잘 차려입은 사람들 사이에 있는 내 꼴을 보고 마음이 불편해지기 시작했다. 그래서 나는 내가 과연 있을 자리에 있는지, 또 예절에 어긋나지 않게 옷을 입었는지 스스로에게 물어보았다. 그리고 잠시 걱정을 한 후 나는 용감하게 자신에게 괜찮다고 대답했다. 이러한 용기는 이성의 힘에서 나온 것이라기보다는 아마도 뒤로 물러설 여지가 없어서 나왔을 것이다.

여론에 한 번 굽히기 시작한다면
나는 곧 모든 일에서 노예가 될 것이다

나는 내가 있을 자리에 있다. 왜냐하면 나는 지금 내 작품이 상연되는 것을 보고 있으며, 또 거기에 초대받았고, 오로지 그 때문에 여기에 왔으며, 결국 내 노력과 재능의 결실을 누리는 데 나보다 더 큰 권리가 있는 사람은 없기 때문이다. 나는 더 낫지도 못하지도 않게 평소대로 옷을 입었다. 내가 만약 여론에 한 번 굽히기 시작한다면, 나는 곧 모든 일에서 노예가 될 것이다. 항상 나 자신이기 위해서는 그것이 어떤 장소이든 내가 선택한 상태에 걸맞은 생활방식에 따라 옷을 입는 것을 부끄러워해서는 안된다. 겉모습은 허술하지만 때가 묻거나 더럽지는 않다. 수염도 시대나 유행에 따라서는 장식이 되기도 하기 때문에 그 자체로는 조금도 지저분한 것이 아니다. 사람들은 나를 우스꽝스럽고 추하며 심지어 무례하다고까지 생각할 것이다. 하지만 이런 것이 나와 무슨 상관인가? 내가 비난이나 조롱을 받을 이유가 없다면 그것들을 참고 견딜 줄 알아야 한다.

진리, 자유, 용기와 결별한다면
앞으로 어떻게 무사무욕과 독립을 말할 수 있겠는가

나는 말하자면 (국왕 루이 15세를 알현하지 않아) 내게 주어진 연금을 잃은 것이 사실이다. 그러나 나는 동시에 연금이 내게 부여했을 속박도 면했다. 진리, 자유, 용기와 결별한다면 앞으로 어떻게 감히 독립과 무사무욕을 말할 수 있겠는가? 연금을 받고 나면 그때부터 아첨꾼이 되거나 침묵하는 수밖에 없다. 더구나 연금 지급을 누가 나에게 보장해 줄 것인가? 얼마나 많은 수고를 들이고 얼마나 많은 사람들에게 간청해야 할 것인가! 연금 없이 지내기보다 그것을 지키는 데 더 많이, 덧붙여 훨씬 더 유쾌하지 못하게 신경을 써야만 할 것이다. 그래서 나는 연금을 거부하고 실재를 위해 겉모습을 희생하는 것이 내 원칙에 따라 행동하는 것이라고 생각했다.

"어리석은 자들이여!
그대들의 모든 악은 그대들로부터 생겨난 것임을 알아라"

이 방대한 논문 주제를 좀 더 느긋하게 성찰해 보려고 나는 테레즈와 착한 우리 집 여주인과 그녀의 친구들 중 한 사람과 함께 생제르맹으로 7, 8일 동안 여행했다. 나는 이 여행을 내 생애에서 가장 즐거웠던 산책들 중 하나로 꼽고 있다. 날씨도 무척 화창했으며, 이 착한 여인들이 수고와 비용을 도맡았다.

테레즈는 그녀들과 즐겁게 지냈고 나도 가정 문제에서 해방되어 아무런 걱정 없이 식사할 때마다 와서 스스럼없이 즐겁게 보냈다. 그 외의 시간에는 온통 숲속에 파묻혀 거기서 원시 시대의 자취를 찾고 과감하게 그 역사를 추적하면서 보냈다. 그러면서 인간들의 가련한 거짓말들을 물리쳤으며, 그들의 본성을 과감하게 드러내고 그것을 왜곡시킨 시간과 상황의 진행과정을 뒤따라갔다. 그리고 자연인과 인위적 인간을 비교하면서 그들이 지닌 모든 불행의 실질적 근원이 그들의 잘난 척하는 진보 속에 있음을 보여주고자 했다.

내 영혼은 이러한 숭고한 명상에 고양되어 신에게로 올라갔다. 그리고 그 높은 곳에서 나와 동류인 인간들이 편견과 오류와 불행의 맹목적인 길을 따르는 것을 보면서 그들이 들을 수 없는 가냘픈 목소리로 이렇게 외쳤다.

"어리석은 자들이여! 그대들의 모든 악은 그대들로부터 생겨난 것임을
알아라."

이러한 성찰에서 바로 『인간 불평등 기원론』이 나왔다.

의사나 약의 도움 없이 스스로 병에서 낫든지 아니면
그대로 죽을 결심을 하고 의사들과 영원히 작별했다

숲속의 산책과 소일거리는 나에게 활기를 불어넣어 주었으며 건강에
도 도움이 되었다. 몇 년 전부터 나는 요폐증으로 고생하며 의사들에
게 완전히 몸을 맡기고 있었다. 그렇지만 의사들은 내 고통을 덜어 주
기는커녕 오히려 내 체력만 고갈시켰고 내 체질도 망쳐 놓았다. 그런데
생제르맹에서 돌아오자 기운도 더 생기고 건강도 훨씬 더 좋아진 느낌
이 들었다. 그래서 나는 이 방식을 따랐다. 의사나 약의 도움 없이 스
스로 병에서 낫든지 아니면 그대로 죽을 결심을 하고 의사들과 영원히
작별했다. 그리고 외출할 수가 없으면 조용히 있고 걸을 힘이 나면 곧
걸으러 나가는 식으로 그날그날 살아갔다

　잘난 체하는 사람들 틈에서 사는 파리의 생활방식도 내 취향에는
별로 맞지 않았다. 문인들의 음모, 진심이라고는 거의 없는 그들의 저
서, 사교계를 중시하는 그들의 태도는 너무 역겨웠다. 심지어 친구들
사이의 교제에서조차 다정함이라든가 마음을 털어놓은 진정성이나 솔
직함을 거의 찾아볼 수가 없었다. 이러한 번거로운 생활에 싫증이 나서
나는 시골에서 살고 싶다는 열망을 품기 시작했다.

복음서는 똑같은데, 교리의 내용이 다른 것은 사람들이 자기가 알지도 못하는 것을 설명하려고 하기 때문이다

내가 선조들과 다른 종교를 믿기 때문에 시민권이 박탈된 것을 부끄럽게 여기고, 공개적으로 선조의 종교로 되돌아갈 결심을 했다. 나는 이렇게 생각했다.

"복음서는 모든 기독교도들에 대해 똑같은데, 교리의 내용이 다른 것은 단지 자기들이 알지도 못하는 것을 설명하려고 하기 때문이다. 그리고 종교나 이해할 수 없는 교리를 정하는 것은 모든 국가 군주의 전권이다. 따라서 법률이 정한 교리를 받아들이고 그 종교를 따르는 것은 시민의 의무이다."

나는 백과전서파와 만나기는 했지만, 그 때문에 내 신앙이 동요되지는 않았다. 논쟁과 당파를 천성적으로 싫어했던 나에게 오히려 신앙에 대한 새로운 힘을 주었다. 인간과 우주에 대한 연구는 그것들을 다스리는 궁극적 원인과 지혜를 도처에서 내게 입증해 보였다. 나는 성경 특히 신약성서를 몇 해 전부터 열심히 읽으면서, 신성한 교리를 가장 이해하지 못할 만한 사람들이 예수 그리스도에 대해 내리는 저속하고 어리석은 해석들을 경멸하게 되었다. 한마디로 나의 철학은 종교의 본

질에 나를 결부시켰고, 인간들이 이 종교를 모호하게 하기 위해 만든 너절하고 소소한 형식의 쓰레기로부터 나를 떼어놓았던 것이다.

나는 이성적인 인간이 기독교 신자가 되는 데 두 가지 방법이 있을 수 없다고 판단했으며, 또한 의식과 계율에 속한 모든 것은 모든 나라에서 제각기 법률의 권한 내에 있다고 판단했다. 이토록 분별 있고 사회적이며 평화적임에도 불구하고 나를 그토록 잔인하게 박해해 왔던 이 원칙에서 나온 결론은 내가 시민이 되고 싶으면 개신교 신자가 되어 조국이 정한 종교로 되돌아가야만 한다는 것이었다.

불행한 사람의 기억도 실제로 있었던 그대로
후세에 전달하는 게 나의 의무이다

나는 언제나 공평하고 진실하려고 하며, 다른 사람에 대해서는 될 수 있으면 좋은 점을 말하려고 하고, 나와 관계 있는 불가피한 것을 제외하고는 결코 나쁜 점을 말하지 않으려 한다. 그리고 나는 그렇게 해야 할 필요가 있다. 내 『고백록』은 내가 살아 있는 동안이나 관계자들이 살아 있는 동안에 세상에 내놓으려고 쓴 것이 아니다. 만약 내가 내 운명과 이 저술의 운명을 좌우할 수 있다면, 이 저술은 나와 관계자들이 죽은 지 오랜 뒤에야 세상에 나올 것이다.

그러나 나의 강력한 적들이 진실이 두려워 그 자취를 지우느라 애쓰고 있기 때문에, 나도 내가 쓴 것들을 보존하기 위해 가장 엄격한 공정함과 가장 엄중한 정의가 내게 허락하는 모든 것들을 하지 않으면 안 된다. 만약 나에 대한 기억이 나의 죽음과 함께 소멸된다면, 살아 있는 누구를 폭로하느니 차라리 부당하지만 일시적인 치욕을 군말 없이 견뎠을 것이다. 하지만 내 이름은 결국 살아남을 것이 분명하기 때문에, 불행한 사람의 기억도 정의롭지 못한 적들이 줄기차게 날조하려는 대로가 아니라 실제로 있었던 그대로 후세에 전달하는 게 나의 의무이다.

제 9 권

1756~1757

APHORISMS FROM THE CONFESSIONS OF JEAN-JACQUES ROUSSEAU

테레즈와 그녀의 어머니를 데리고 레르미타주로 거처를 옮긴 루소는 악보 베끼는 일로 살아간다. 그리고 『음악사전』 편찬을 위한 자료 정리와 저술 활동에 몰두했다. 1756년 여름에는 볼테르의 시 「리스본 참사에 대하여」에 대한 반박으로 「섭리에 대해 볼테르에게 보내는 편지」를 썼으며, 가을까지 『신(新) 엘로이즈』의 인물들을 구상했다.

1757년 2월 디드로는 자신이 쓴 『사생아론』을 루소에게 보냈고, 루소는 '홀로 있는 사람은 악인밖에 없다'라는 문장을 보고 무척 화를 내며 디드로를 비난했다.

봄에는 레르미타주를 방문한 두드토 부인에게 사랑을 품는다. 여름부터는 그동안 자기 맘대로 오라 가라 하면서 루소를 귀찮게 굴었던 데피네 부인과 불화가 시작되었다. 그녀의 시누인 두드토 부인과 루소가 가까워졌기 때문이다.

"정말 괴로웠다. 나는 서로 상반되는 감정에 가슴이 아팠는데, 데피네 부인의 다정스러운 언행에 감동하는 동시에 그녀가 두드토 부인에게 무례한 짓을 하는 것을 보았을 때는 분노를 참기 힘들었다."

10월 달랑베르가 쓴 '제네바' 항목이 실린 『백과전서』 7권이 간행되었고, 얼마 후 데피네 부인이 제네바로 떠났다. 소문에 의하면 그녀가 결핵에 걸려 치료차 떠나는 것이라고도 했으며, 그녀가 그림(Grimm; 비평가. 민담, 동화 작가)의 아이를 임신했기 때문이라는 소문도 있었다.

11월 초에는 그림이 루소에게 절교의 편지를 보냈다. 12월 5일에는 방문 약속을 계속 어겼던 디드로가 루소를 방문하러 레르미타주로 왔다. 그리고 바로 그날 저녁 루소를 비방하는 편지를 그림에게 보낸다. 이 모든 사건들과 상황들에 지친 루소는 레르미타주를 떠나기로 마음먹는다. 그리고 12월 15일 콩데 대공의 관할 법정 대리인 마타 씨가 곤경에 처한 루소에게 몽모랑시에 있는 몽 루이의 조그만

집을 빌려주자, 루소는 데피네 부인과 결별하고 레르미타주를 떠난다. 이사 후 루소는 데피네 부인에게 다음과 같은 편지를 남겼다.

"부인이여, 제가 당신 집에 머물러 있는 것을 원치 않았을 때 그곳을 나가는 것보다 당연하고 필요한 일은 없습니다. 남은 겨울 동안 레르미타주에서 보내는 것을 거절했기에 저는 12월 15일 그곳을 떠났습니다. 본의 아니게 레르미타주에 들어가 또 본의 아니게 그곳을 나오는 것이 제 운명이었습니다. 저를 그곳에서 머물도록 청해준 데 대해 감사드립니다. 만일 제가 주거비를 싸게 지불했다면 더욱 고맙습니다. 그런데 저를 불행하다고 생각하는 것은 당신이 맞습니다. 또 제가 얼마나 불행하게 될 것인지 당신보다 더 잘 아는 사람은 아무도 없습니다. 만약 친구들을 잘못 만난 것이 불행이라면, 그토록 달콤한 잘못을 깨닫는 것도 그 못지않게 끔찍한 불행일 겁니다."

악단을 지휘하는 루소

1755년 암스테르담에서
발행된 『인간 불평등 기원론』 초판 표지

나는 가장 돈이 많이 드는 욕심
단지 편견과 평판에서 나오는 욕망으로부터 자유로웠다

내게 고정수입이라고는 없었지만 재능이 있었고 명성을 얻었다. 나는 검소했고 가장 돈이 많이 드는 욕심, 단지 편견과 평판에서 나오는 욕망으로부터 자유로웠다.(루소는 생존을 위한 자연적 욕구와는 달리 세상 평판에서 생기는 욕망은 이기심의 발로로 보았다.) 나는 게으르기는 했지만 마음이 내킬 때는 부지런했다. 하지만 나의 게으름은 게으름뱅이의 게으름이라기보다는 마음이 내킬 때만 일하기를 좋아하는 독립적인 사람의 게으름이다.

돈에 매수되는 펜에서는
힘있고 위대한 그 무엇도 나올 수 없다

나는 밥벌이를 위해 글을 쓴다면 내 타고난 자질이 파괴되고 재능이
사라져 버릴 거라고 생각했다. 나의 재능은 펜이 아니라 마음속에 있기
때문에 오직 고결하고 기품 있는 사고방식에서 생겨났으며, 또 그것만
이 재능을 키울 수 있다. 완전히 돈에 매수되는 펜에서는 힘있고 위대
한 그 무엇도 나올 수 없다. 내가 물질적 필요나 탐욕 때문에 글을 썼
다면 글을 빨리는 쓸 수 있어도 좋은 글을 쓰지는 못했을 것이다. 성공
하고 싶다는 마음 때문에, 비록 음모에 끼어들지는 않았더라도 유용하
고 진실한 것보다는 시류에 영합 하는 것들을 말할 궁리를 했을 것이
며, 뛰어난 작가가 될 내가 겨우 엉터리 작가밖에 되지 못했을 것이다.
결코 그래서는 안 된다.

『사회계약론』에 들어 있는 뚜렷한 생각들은 모두
『인간 불평등 기원론』에서 이미 나온 것이다

『사회계약론』에 들어 있는 뚜렷한 생각들은 모두 『인간 불평등 기원론』에서 이미 나온 것이다. 그리고 『에밀』의 대담한 견해들은 모두 이전에 나온 『엘로이즈』(『신엘로이즈』의 원제는 『쥘리 혹은 신엘로이즈』이다.)에서 찾아볼 수 있다. 그런데 그 대담한 생각들 때문에 먼저 그 두 작품들에 반대하는 소리는 전혀 나온 적이 없었다. 따라서 나중의 작품들이 대담함 때문에 물의를 일으킨 것은 아니었다.

이미 형성된 욕망에 저항하기보다는 욕망의 근원에서부터
욕망을 예방하고 바꾸며 억제하는 것이 덜 고통스럽다

대부분의 사람들은 살아가면서 종종 자신과 다른 사람이 되기도 하고 전혀 딴사람으로 변하는 것처럼 보이기도 한다. 내가 책을 쓰려고 했던 것은 이렇게 널리 알려진 사실을 밝히기 위해서가 아니라, 보다 새롭고 보다 중요한 목적이 있었기 때문이다. 그것은 그러한 변화의 원인들을 탐구하고 우리 스스로에게 달려 있는 원인들에 천착해서, 우리를 보다 훌륭하고 자신감 있는 사람으로 만들기 위해 우리가 그것들을 통제할 수 있는 방법을 보여주는 것이다. 올바른 인간이 이미 형성된 욕망에 저항하기보다는 ─ 욕망을 억누르는 것이 그의 의무이지만 ─ 욕망의 근원에까지 거슬러 올라갈 수 있다면 거기서부터 욕망을 예방하고 바꾸며 억제하는 것이 덜 고통스럽다는 사실은 의심할 여지가 없기 때문이다.

사람은 강인한 정신력을 지니고 있기 때문에 유혹을 받으면 한 번은 저항하지만, 또 약하기 때문에 다음번에는 포기하고 만다. 그런데 그가 처음과 같았다면 다시는 유혹에 넘어가지 않았을 것이다.

우리는 감각과 기관에 의해 계속 바뀌면서
자기도 모르는 사이에 그 변화의 결과를
행동으로까지 옮긴다

이렇게 다양한 존재방식이 어디서 비롯하는가에 대해 나 자신과 다른 사람들을 탐구한 결과, 그것들은 대부분 외적 대상들에 대한 예전의 인상에서 비롯되며, 우리는 감각과 기관에 의해 계속 바뀌면서 자기도 모르는 사이에 그 변화의 결과를 생각과 감정 심지어 행동으로까지 옮긴다는 것을 알았다. 내가 수집했던 놀랍고 수많은 관찰들은 논쟁의 여지가 전혀 없는 것으로, 자연적 원리를 통해 정신을 미덕에 가장 유리한 상태로 유지시킬 수 있는 외적인 요법을 ― 그 요법은 상황에 따라 다양해진다 ― 제공하는 것으로 보였다. 도덕적 질서를 너무 자주 어지럽히는 동물적 조직(감각과 기관)이 오히려 거기에 유리하게 작용하도록 할 수 있다면, 이성이 얼마나 많은 과오들을 모면할 수 있으며, 또 얼마나 많은 악덕들이 생겨날 때부터 억제될 수 있을 것인가!

기후, 계절, 소리, 색깔, 어둠, 빛, 환경, 음식, 소음, 정적,
운동, 휴식 등 모든 것들이 우리의 육체에,
우리의 영혼에 작용한다

기후, 계절, 소리, 색깔, 어둠, 빛, 환경, 음식, 소음, 정적, 운동, 휴식 등
모든 것들이 우리의 육체에, 따라서 우리의 영혼에 작용한다. 그 모든
것들이 우리 스스로가 지배를 받는 감정들을 근원부터 통제하기 위한
거의 확실한 지침들과 수많은 단서들을 제공해 준다. 바로 이러한 것
이 내가 이미 초안으로 써놓았던 기본적인 생각이었다. 그리고 나는 이
러한 생각을 집필하는 것이 즐겁고 읽기 즐거운 책으로 만드는 것이
어렵지 않아 보였기 때문에, 이러한 생각이 미덕을 사랑하면서도 자신
의 나약함을 경계하는 천성이 훌륭한 사람들에게 그만큼 더 확실한 효
과를 내기를 기대했다. 하지만 「감각적 도덕 혹은 현자의 유물론」이라
는 제목의 이 작품에는 정말 거의 손을 대지 못했다.

내 욕구 가운데
가장 크고 가장 강하며 가장 억제할 수 없는 욕구는
친밀한 관계에 대한 욕구였다

내가 같은 말을 되풀이하고 있다는 것을 나도 알지만, 그럴 수밖에 없다. 내 욕구 가운데 으뜸가는 욕구, 가장 크고 가장 강하며 가장 억제할 수 없는 욕구는 전적으로 내 마음속에 있었다. 그것은 친밀한 관계, 가능한 한 가장 친밀한 관계에 대한 욕구였다. 바로 이 때문에 내게는 남자보다 여자, 남자친구보다 여자친구가 더 필요했던 것이다. 이 독특한 욕구는 아무리 긴밀한 육체의 결합이라도 여전히 그것을 충족시킬 수 없을 정도로 강한 그런 것이었다. 나에게는 같은 몸에 깃들인 두 영혼이 필요했던 것 같다. 그렇지 않으면 나는 항상 허전함을 느꼈다. 나는 이제 그런 허전함을 느끼지 않아도 될 시기에 접어들었다고 생각했다. 수많은 뛰어난 품성들을 지닌 이 젊은 여인은 사랑스럽고 당시에는 용모까지도 귀여웠고, 꾸미는 태도나 아부가 전혀 없었다. 내가 일찍이 바랐던 것처럼, 내가 그녀의 존재를 내 마음속에 가두어 둘 수 있었다면 그녀는 나의 존재만을 그녀의 마음속에 담았을 것이다.

더 이상 사람들을 만나지 않으니 그들을 경멸하지 않았고
더 이상 사악한 인간들을 보지 않으니
그들을 미워하지 않았다

이러한 변화는 파리를 떠나자마자 시작되었다. 그 도시의 악덕이 더 이
상 눈에 보이지 않자 그 도시가 나에게 불러일으켰던 분노가 사라진
것이다. 더 이상 사람들을 만나지 않으니까 그들을 경멸하지 않았고
더 이상 사악한 인간들을 보지 않으니까 그들을 미워하지 않았다. 남
을 미워하는 데는 재주가 없는 내 마음은 이제 그들이 겪는 비참함과
심지어 그들의 사악함까지도 슬퍼했다. 더욱 온화하지만 훨씬 덜 숭고
한 이러한 상태는 오래지 않아 나를 그토록 오랫동안 흥분시켰던 격렬
한 열광을 식혀 주었다. 그리하여 나 자신도 거의 모르는 부지불식간
에 나는 다시 겁이 많고 남의 눈치를 보는 소심한 사람, 한마디로 예전
과 똑같은 장 자크로 돌아왔다.

그들은 어떤 것을 내가 원하는 것처럼
보이면 즉시 똘똘 뭉쳐 그것을 포기하도록 강요했다

내게는 남녀 친구들이 있었는데, 가장 순수한 우정과 가장 완벽한 존경을 갖고 그들과 만나고 있었다. 그래서 나는 그들로부터 가장 진실한 우정의 보답을 기대했으며, 결코 그들의 진정성을 의심하지 않았다. 하지만 이러한 우정은 마음에 들기보다는 오히려 골치 아팠는데, 그것은 내 모든 취향과 성향과 생활태도에 반하는 그들의 완강한 고집과 심지어 그들의 열의 때문이었다. 그들과는 전혀 상관없고 나에게만 관계되는 어떤 것을 내가 원하는 것처럼 보이기만 하면 즉시 똘똘 뭉쳐 내가 그것을 포기하도록 강요할 정도였다. 내가 원하는 모든 일에서 나에게 간섭하려는 끈질긴 고집은, 내가 그들이 하고 싶어 하는 걸 알려고도 하지 않았기 때문에 그만큼 더 부당했고, 너무나 끔찍할 정도로 부담이 되었다.

내 의지에 따라 복종하다 보니
남의 명령에 복종하는 것보다 더 복종해야 했다

나는 인적이 드문 매력적인 곳에 외딴집을 갖고 있었다. 내 집에서는 주인으로서 누구의 간섭을 받을 필요 없이 내 멋대로 살 수 있었다. 그러나 이 집에서 사는 것은 내게 여러 가지 의무들을 부과했는데, 그것들은 이행하기는 쉬웠지만 하지 않을 수는 없는 것들이었다. 내 모든 자유는 단지 불안정한 것에 불과했다. 남의 명령에 따라 복종하고 있지는 않지만 내 의지에 따라 복종하다 보니 남의 명령에 복종하는 것보다 더 복종해야 했다. 아침에 일어나면서 이 하루를 내 마음대로 쓰겠다고 할 수 있었던 날은 결코 없었다. 더구나 데피네 부인의 부름에 응하는 것 말고도 세상 사람들이나 뜻밖의 방문객의 뜻에도 따라야 했는데 이것은 훨씬 더 귀찮았다. 파리에서 떨어져 살고 있었지만 한가한 사람들이 매일같이 떼거지로 나를 찾아왔다. 남아도는 시간을 주체할 수 없는 그들은 아무 거리낌 없이 내 시간을 펑펑 써버렸다. 전혀 뜻하지 않은 때조차 나는 가차 없이 방문객들의 습격을 받곤 했다. 모처럼 하루를 알차게 보내려고 계획을 세워도 번번이 몇몇 이방인들 때문에 그 계획이 수포로 돌아가고 말았다.

나는 사랑하고 싶다는 욕구에 애태우면서도
결코 그것을 제대로 충족시킬 수 없었다

선천적으로 외부로 발산하는 다정다감한 심정을 가지고 있고, 산다는 것이 곧 사랑한다는 것이라고 믿고 있던 내가 지금까지 내게 온 마음을 쏟는 친구를 발견하지 못했던 것은 무슨 영문인가? 정말이지 스스로 남들에게 진정한 친구가 되기 위해 태어났다고 느꼈던 바로 내가 말이다. 그토록 불타기 쉬운 관능과 온통 사랑으로 빚어진 마음을 가진 내가 단 한 번도 어떤 확실히 정해진 연인을 향해 불타는 사랑의 감정을 느끼지 못했던 것은 도대체 무슨 까닭인가? 사랑하고 싶다는 욕구에 애태우면서도 결코 그것을 제대로 충족시킬 수 없었던 나는 노년의 문턱에 도달하여 제대로 살아보지도 못하고 죽어가는 내 모습을 보았다.

현실의 존재에 도달하는 것이 불가능하여
나는 공상의 세계로 던져졌다

　현실의 존재에 도달하는 것이 불가능하여 나는 공상의 세계로 던져졌다. 그리고 존재하는 것들 중 내가 열광할 만한 것은 아무것도 보지 못해서 그것을 이상적인 세계에서 키워 나갔는데, 나의 상상력은 곧 그 이상적인 세계를 내 마음에 맞는 존재들로 가득 채웠다. 이런 수단이 그때보다 더 때맞추어 온 적도 없었고 그때보다 더 풍부한 결실을 맺은 적도 없었다. 나는 지속적인 황홀감 속에서 일찍이 인간의 마음속에 깃들었던 가장 감미로운 감정의 격류에 도취되었다. 인간들을 완전히 망각하고, 그들의 아름다움만큼이나 그들의 미덕으로 천상계에 속하는 완벽한 피조물들과 교감하고, 내가 이 지상에서는 결코 본 적이 없었던 다정하고 믿음직한 친구들을 사귀었다. 천상세계에서 나를 둘러싼 이 매력적인 상대들 사이로 이렇게 날아다니는 데 푹 빠져 세월 가는 것도 모르고 지냈고, 다른 모든 일에 대한 기억은 잊어버리고, 서둘러 빵 한 조각을 먹자마자 내 숲을 다시 만나기 위해서 자리에서 빠져나오려고 안절부절못했다.

　매혹의 세계로 떠나려고 하는데 나를 이 세상에 다시 붙잡아 두려는 못된 인간들이 오는 것을 보았다. 나는 분통을 참을 수도, 감출 수도 없었다. 그래서 더 이상 나 자신을 억제하지 못하고 그들에게 매우 무례한 대접을 했고, 이 때문에 나는 난폭하게 비쳐질 수도 있었다. 그래서 인간 혐오자라는 평판만 높아졌다. 하지만 세상 사람들이 내 마음을 더 잘 이해해 주었더라면 내게 정반대의 평을 가져다주었을 것이다.

불관용이라는 가장 잔인한 점에서는
사실상 양편 모두 같았다

근본적으로 사회질서 전반과 연결되는 풍습이나 부부 사이의 정조라
는 주제를 넘어서 나는 화합과 공공의 평화라는 보다 은밀한 주제를
마음에 품고 있었다. 이것은 아마도 그 자체로서도 그렇지만 적어도
당시에는 더욱 크고 중요한 주제였을 것이다. 『백과전서』가 일으킨 파
란은 진정되기는커녕 그 절정에 이르렀다. 두 파는 서로에게 극도로 격
분하여, 서로를 계몽하고 설득하여 진리의 길로 인도하고 싶어 하는
기독교 신자나 철학자라기보다 차라리 서로 잡아먹으려고 미쳐 날뛰
는 늑대와 같았다. 만일 양편에 어느 정도 인망이 높고 활동적인 지도
자들이 몇 사람 있었다면 내란으로 악화되었을지도 모른다. 그리고 종
교적인 내란이 일어났다면 어떤 결과를 가져왔을까 하는 것은 신만이
알 것인데, 가장 잔인한 불관용이라는 점에서는 사실상 양편 모두 같
았기 때문이다. 당파심에는 당연히 타고난 반감을 갖고 있는 나는 두
파의 사람들에게 엄정한 진리를 기꺼이 말해 주었으나 그들은 듣지 않
았다.

　나는 다른 방법을 생각해냈는데, 그것은 내 순진한 마음으로는 굉
장한 것처럼 보였다. 그것은 그들의 편견을 타파하고 공공의 평가와

존경을 받을 만한 다른 파의 장점과 미덕을 서로에게 보여줌으로써 서로의 반감을 누그러뜨리는 것이다. 그러나 그리 사려 깊지 않은 이 계획은 사람들에게 선의가 있음을 가정한 것으로, 그로 인해 나는 생피에르 신부를 비난한 것과 같은 오류에 빠져들었다. 그래서 이 계획은 그것이 받아 마땅한 성과를 거두었다. 즉 전혀 그 두 파를 가까워지게 하지도 못했고 오직 나를 타도하기 위해서만 그들을 단결시켰다.

여성들은 분노를 숨기는 재주가 있다
특히 분노가 극에 달하면 그렇다

여성들은 분노를 숨기는 재주가 있다. 특히 분노가 극에 달하면 그렇다. 데피네 부인은 과격하지만 사려가 깊어서 누구보다도 뛰어난 재주를 갖고 있었다. 그녀는 아무것도 못 본 체하고 아무것도 의심하지 않은 체했다. 그리고 내게는 전에 없이 관심과 배려와 유혹을 배가하고, 동시에 자기 시누이(두드토 부인)는 무례함과 업신여김의 표시로 들볶았는데, 그녀는 마치 그것을 내게 알리고 싶어 하는 것 같았다. 그녀가 그 뜻을 이루지 못한 것은 잘 알 것이다. 하지만 나는 정말 괴로웠다. 나는 서로 상반되는 감정에 가슴이 아팠는데, 데피네 부인의 다정스러운 언행에 감동하는 동시에 그녀가 두드토 부인에게 무례한 짓을 하는 것을 보았을 때는 분노를 참기 힘들었기 때문이다.

천사같이 온순한 마음씨를 가진 두드토 부인은 아무런 불평도 없이, 심지어는 그녀에 대해 더 이상 불평도 없이 모든 것들을 참고 견뎌냈다. 사실 그녀는 이런 일에 거의 신경 쓰지 않고 언제나 그리 민감하지 않아서, 대개는 그런 것들을 눈치채지 못했다.

홀로 있고자 하는 사람은
사악할 수가 없다

이제 곧 알게 되겠지만 내 약점이 초래한 근심은 그뿐만이 아니었다. 하지만 이에 못지않게 고통스러운 다른 근심들이 있었는데, 그것들은 내가 초래한 것이 아니었다. 그러한 이유는 단지 고독 속에 있는 나를 괴롭혀 억압하려는 욕심에 불과했다. 이 근심들은 디드로와 돌바크가 초래한 것이다. …… 내가 레르미타주에 자리를 잡은 이래 디드로는 자신이 직접 혹은 들레르의 손을 빌려 끊임없이 그곳에 있는 나를 괴롭혀 왔다. 이윽고 나는 들레르가 내 작은 숲속의 소풍을 빈정댄 말에서 그들이 이 은둔자를 바람둥이 목동으로 왜곡시켜 놓고 얼마나 즐거워하고 있는가를 알았다. 하지만 디드로와 내가 벌인 다툼에서 문제가 된 것은 그런 일이 아니었다.

거기에는 보다 심각한 원인이 있었다. 『사생아론』(Entretiens sur le Fils naturel; 1757년 2월)이 출간된 후 그는 내게 한 부 보냈고, 나는 으레 사람들이 친구의 작품에 보이는 흥미와 주의를 갖고 그것을 읽었다. 그가 거기에 삽입된 일종의 시(「사생아론」을 말한다)를 읽으면서 나는 무례하기는 해도 참을 수 있는 글들 가운데서 '홀로 있는 사람은 악인밖에 없다'라는, 온화함이라고는 찾아볼 수 없는 신랄하고도 혹독한 문장을 보고 깜짝 놀랐고 비탄에 빠졌다.

이 글귀는 모호하지만 두 가지 뜻을 갖고 있는 것으로 보이는데, 그 한 가지 뜻은 아주 진실하고 또 다른 뜻은 아주 거짓이다. 왜냐하면 홀로 있고자 하는 사람은 누군가를 해치려고 하는 것이 불가능하기 때문이다. 따라서 그는 사악할 수가 없다. 그러므로 그 글귀 자체는 해석이 필요했다. 이러한 글귀를 인쇄할 때 고독 속에 은둔 중인 친구를 둔 저자의 입장에서는 훨씬 더 그럴 필요가 있었다. 그것을 출판하면서 그 고독한 친구를 잊어버렸다는 것이, 아니면 그 친구를 기억하면서도 이 일반적인 격언에서 그 친구만이 아니라 어느 시대에나 은둔 속에서 고요와 평화를 찾았던 수많은 현자들을 제외시키지 않았다는 것이, 내게는 불쾌하고 버르장머리없어 보였다. 이러한 예외는 그 친구나 현자들이 마땅히 받아야 하는 명예롭고도 정당한 것인데도 불구하고, 일개 작가가 한 번의 붓장난으로 가차 없이 그토록 많은 악당들을 만들어낸 것은 이 세상이 생긴 이래 처음 있는 일이다.

죄 지은 놈은 대담하고 거만한 반면에
죄 없는 놈이 오히려 수치와 곤경에 빠진다

그는 우리 두 사람 모두에게 친구인 사람들이 나보다도 자기를 더 좋아한다는 증거를 대고 나를 모욕하려고 애썼다. 이렇게 친구들이 그림 (Grimm)을 더 좋아한다는 것은 나도 그림만큼 잘 알고 있었다. 문제는 그가 그런 유별난 사랑을 어떤 자격으로 얻었느냐는 것이다. 그럴 만한 자질 덕분인지, 아니면 교활한 재주 덕분인지, 자기를 끌어올리려고 아니면 나를 끌어내리려고 애쓴 때문인지. 끝으로 그는 내게 막 베풀어 주려 하는 용서의 가치를 높일 수 있도록 자신과 나 사이의 거리를 멋대로 최대한 벌린 다음, 마치 국왕이 새로 작위를 받는 기사들에게 하사하는 포옹처럼 가벼운 포옹을 하면서 화해의 입맞춤을 허용했다.

나는 너무나 놀랐다. 무슨 말을 해야 할지 또 뭐라고 해야 할지 몰랐다. 이 모든 광경은 마치 교사가 학생에게 체벌은 면해 주고 꾸짖는 것과 비슷했다. 나는 그때 일을 생각할 때마다 일반 대중들이 그토록 중시하는 겉모습에 따른 판단들이 얼마나 기만적인지, 그리고 죄 지은 놈은 대담하고 거만한 반면에 죄 없는 놈이 오히려 수치와 곤경에 빠지는 일이 얼마나 허다한지를 절실히 느꼈다.

자존심과 분노가
내게 활력을 되찾아 주었다

나는 지금까지 겪은 것 중 가장 참혹한 곤경에 처하게 되었다.(이 곤경
이란 데피네 부인이 제네바로 떠나 버린 것을 말한다.) 하지만 이미 결심은
서 있었다. 어떤 일이 일어나더라도 일주일 후에는 결코 레르미타주에
있지 않기로 마음먹었다. 나는 가재도구를 끄집어내는 준비에 돌입했
다. 일주일 후에 열쇠를 돌려줄 수 없다면 차라리 가재도구를 들녘 한
가운데로 내동댕이칠 심산이었다. 우선 제네바에 편지를 보내고 답장
이 오기 전에 모든 일을 마무리하려고 했다. 지금까지 느껴 본 적이 없
었던 용기가 났고 모든 힘이 되살아났다. 데피네 부인이 간파하지 못
했던 자존심과 분노가 내게 활력을 되찾아준 것이다.

행운이 나의 대담성에 커다란 도움을 주었다. 콩데 대공의 관할 법
정 대리인 마타 씨(Jacques-Joseph Mathas; 그는 1733년부터 몽모랑시
관할 법정 대리였다.)가 내가 곤경에 처해 있다는 말을 듣고 사람을 보
내 몽모랑시에 있는 몽 루이의 자기 정원에 있는 조그만 집을 내게 빌
려주겠다고 했다. 나는 그 제안을 고맙게 받아들였다. 계약은 곧 성립
되었다. 나는 테레즈와 같이 지내기 위해 내가 갖고 있던 가구 이외에
가구 몇 가지를 급히 사들였다. 내 가재도구를 짐수레로 운반하는 데

도 무척 고생을 했고 비용도 만만치 않게 들었다. 하지만 얼음이 얼고 눈발이 날리는 가운데서도 이사는 이틀 후에 완전히 마무리되었다. 그리하여 12월 15일 집세는 못 치렀지만 정원사의 급료는 지불한 뒤 레르미타주 집 열쇠를 돌려주었다.

제10권

1758~1759

APHORISMS FROM THE CONFESSIONS OF JEAN-JACQUES ROUSSEAU

큰 기대를 하고 몽 루이로 이사를 한 루소는 남자든 여자든 그동안 맺어온 친분관계가 순탄치 않고 병세도 호전되지 않자 크게 낙담한다. 그 와중에 데피네 부인이 변명 섞인 편지를 보내왔지만 루소는 답장을 하지 않았다.

1758년 3월 9일에는 『연극에 관하여 달랑베르에게 보내는 편지』를 완성했는데, 이로 인해 볼테르의 반감을 사기도 했다. 5월에는 두드토 부인이 편지를 보내 루소와 절교를 선언하고, 6월에는 루소가 디드로와 절교를 선언한다.

이런 머리 복잡한 상황 속에서도 루소는 집필에 전념해 9월 13일 마르크 미쉘 레에게 『신엘로이즈』가 완성되었음을 알린다. 그리고 몽모랑시에 있으면서 이전과 다른 방식으로, 즉 친구들에게 예속당하지 않고 자유의 감미로움을 맛보는 데 필요한 몇몇 친구들만 사귀기도 했다.

그 무렵 몽모랑시를 방문한 뤽상부르 원수 부부가 루소를 초대했고 이후 친분을 계속 이어간다. 이 부부의 환대에 루소는 다음과 같이 말하기도 했다.

"원수님! 저는 각하를 알기 전까지 고관대작들을 미워했습니다. 하지만 그들이 얼마나 쉽게 남의 흠모를 받을 수 있는지를 각하께서 보여주셨기 때문에 저는 그들이 더욱더 미워졌습니다."

1759년 5월 몽 루이 집을 수리하는 동안 루소는 뤽상부르 원수의 배려로 '작은 성'으로 불리던 몽모랑시 성 별관에 두 달 동안 머물렀다가 7월에 다시 몽 루이로 돌아간다. 이때 루소는 이 '작은 성'을 떠나기 싫어할 정도로 이곳을 좋아했었다.

이후 루소는 『에밀』의 집필에 몰두했는데, 출판도 뤽상부르 부인과 의논했다.

"그가 승인한 저서의 출판은 그것만으로도 합법적인 것이므로, 나로서는 이 저서를 출판하는 데 더 이상 내세울 만한 별다른 이유가 없었다. 그렇지만 나는 극도의 노파심에서 이 책이 네덜란드에서, 그것도 서적상 네올프에 의해 출판되어야 한다고 계속 요구했다. 또 서적상으로 그를 지정하는 것만으로 만족할 수가 없어서 그에게 내 의향을 통고하기까지 했다. 게다가 출판은 프랑스의 서적상에 이익이 돌아가야 하고, 일단 출판이 끝나면 판매 문제는 나와 상관없으니 파리든 어디서든 팔아도 된다는 데 동의했다. 나와 뤽상부르 부인 사이에 합의한 것은 정확히 이상과 같았다. 이러한 합의가 이루어진 후 나는 부인에게 내 원고를 넘겼다."

한번은 뤽상부르 부인이 여행 때 열한 살 된 손녀 부플레르 양을 루소에게 소개해주었는데, 루소가 그녀에게 입맞춤을 해서 물의를 일으키기도 했다. 나중에 로쟁 공작과 결혼한 그녀는 남편이 죽은 뒤 콩티 대공의 정부가 되었다. 콩티 대공은 루이 15세의 외교밀사로 활약했었는데, 루소를 좋아해 직접 몽 루이에 있는 루소의 집을 방문하기도 했다.

'작은 성' 계단에서 입맞춤을 하는
루소와 드 부플레르(De Boufflers) 양

창가에서 담소를 나누는
루소와 테레즈

삶을 욕망하게 만들었던
모든 것들과 인연이 끊어지고 나니
더 이상 인생을 즐겁게 할 수 있는 것이 보이지 않았다

화창한 계절인 봄이 돌아와도 나는 기력을 회복하지 못했고, 1758년을 고스란히 쇠약한 상태로 보내며 내 생애의 거의 마지막에 접어들고 있다는 생각이 들었다. 나는 그 종말이 다가오는 것을 조바심을 갖고 바라보고 있었다. 우정의 환상에서 깨어나 내게 삶을 욕망하게 만들었던 모든 것들과 인연이 끊어지고 나니 더 이상 인생을 즐겁게 할 수 있는 것이 보이지 않았다. 이제 인생에서 보이는 것이라고는 나 자신을 향유하는 것을 막아 버리는 병과 고통밖에 없었다. 나는 적들에게서 벗어나 자유로워지는 순간을 갈망하고 있었다.

나는
모든 당파와 도당을 극도로 혐오했다

내 이름은 이미 유럽 전체에 파다하게 알려져 있었으나, 나는 아직도 본래의 소박함을 간직하고 있었다. 나는 모든 당파나 도당을 극도로 혐오했기 때문에, 내 마음이 끌리는 것 외에는 아무런 구속도 없이 자유롭고 독립적으로 살아 왔다. 고독한 이방인으로서 모든 것들과 인연을 끊고 의지할 곳도 가족도 없이 오로지 내 원칙과 의무에만 매달려, 정의와 진리를 희생해 가면서 누구에게 아첨하거나 누구의 비위도 맞추지 않고 대담하게 옳은 길을 걸어가고 있었다.

게다가 2년 전부터는 인적이 드문 곳으로 물러나 사람들과 소식조차 주고받는 일 없이 세상사와는 관계를 끊고 어떤 정보도 받지 못하고 또 궁금해 하지도 않으며 파리에서 40리 떨어진 곳에서 살고 있었는데, 내 무관심으로 수도에서 떨어져 사는 것이 마치 바다를 사이에 두고 멀리 떨어진 티니앙 섬(the Island of Tinian; 태평양 중서부에 위치한 미크로네시아에 있는 마리아나 군도의 섬)에나 사는 것 같았다.

그는 인간을 그들이 지니고 있는
가치만큼만 평가했다

그림은 탁월한 재능을 발휘하여 자신의 명예는 손상하지 않으면서 내 명성을 완전히 뒤집어엎어 지금과는 정반대의 악평을 듣게 하겠다는 계획을 세웠다. 그는 내 주위에 어둠의 음모를 꾸미는 것부터 시작했는데, 그 술책을 밝히고 가면을 벗기기 위해 그 음모를 간파하는 것이 내게는 불가능했다.

이러한 시도는 그 부당함을 감추어야 할 필요가 있기 때문에 어려운 일이었다. 그는 정직한 사람들을 속여야만 했고, 나와 모든 사람의 사이를 떼어놓아야 했으며, 시시한 사람이든 대단한 사람이든 단 한 사람이라도 내게 친구로 남겨 두어서는 안되었다. 아니, 한마디라도 진실한 말이 내 귀까지 들어와서는 안되었다. 만일 한 사람이라도 아량이 넓은 사람이 내게 와서 "당신은 덕이 높은 척합니다만, 이것이 바로 사람들이 당신을 취급하는 방식입니다. 무슨 할 말이 있나요?"라고 말했다면, 진실은 승리했고 그림은 파멸했을 것이다. 그림은 이를 잘 알고 있었다. 그러나 그는 인간을 그들이 지니고 있는 가치만큼만 평가했다. 그의 계산이 그토록 정확했다는 사실은 인류의 명예를 위해 매우 안타까운 일이다.

비밀스럽게 절교하면 내 가장 잔혹한 적들에게
우정이라고 하는 가면을 남겨 두는 것이다

이 대화를 통해 모든 것들이 명백해지자 데피네 부인과 영원히 절교한 것을 애석하게 생각했던 마음이 내게서 완전히 사라지고 말았다. 두드토 부인에 관해서도 그는 여러 가지 사정을 자세히 들려주었다. 그것은 테레즈도 심지어 두드토 부인조차도 모르고 나 혼자 알고 있었던 것인데, 우정을 보증으로 디드로에게만 말해준 것이었다. 그런데 그는 바로 생랑베르에게 그 비밀을 누설했던 것이다. 이 마지막 언행이 내 결심이 서게 만들었다. 디드로와 영원히 절교하기로 작정한 나는 이제 그 방식에 대해서만 골몰했다. 비밀스럽게 절교하면 내 가장 잔혹한 적들에게 우정이라고 하는 가면을 남겨 두는 것이라 내게 불리해진다는 것을 깨달았기 때문이다.

친구도 아니면서 친구인 체하는 것은
친구였던 사람을 해칠 수 있는 수단을 남겨 두는 것이다

사교계에서 통용되는 우정에 대한 예의범절은 거짓과 배신의 정신에서 나온 것 같다. 사실 친구도 아니면서 여전히 한 사람의 친구인 체하는 것은 정직한 사람들을 실수하게 만들어 친구였던 사람을 해칠 수 있는 수단을 자신을 위해 남겨 두는 것이다. 나는 저 유명한 몽테스키외가 투르느민 신부와 절교했을 때, 이를 서둘러 솔직하게 선언하고 모든 사람들에게 다음과 같이 말했던 것을 기억해냈다.(1721년 『페르시아인의 편지』를 출간한 후 몽테스키외는 「트레부지」의 편집장인 투르느민 신부로부터 괴롭힘을 당하자 그와 절교했다.)

"투르느민 신부가 나에 대해 말하는 것에도, 내가 그에 대해 말하는 것에도 귀 기울이지 마십시오. 우리는 더 이상 친구가 아니기 때문입니다."

모든 불평등한 교제는
늘 약자에 불리하기 마련이다

얼마 전부터 나는 문단을, 특히 작가라는 직업을 완전히 그만둘 계획을 갖고 있었다. 당시 내 신상에 일어난 모든 일 때문에 문인들이라면 신물이 났다. 어떤 식으로든 그들과 연결되지 않고서 이 직업에 종사한다는 것은 불가능하게 느껴졌기 때문이다. 사교계의 사람들에 대해서도, 그리고 반쯤은 나를 위해 반쯤은 나와 맞지 않는 사교계를 위해 살아 왔던 얼치기 생활에 대해서도 염증이 났었다. 나는 지속적인 경험을 통해 모든 불평등한 교제는 늘 약자에 불리하기 마련이라는 것을 그 어느 때보다 절실히 느끼고 있었다. 내가 선택한 것과는 다른 지위를 가진 부유한 사람들과 섞여 살면서, 나는 그들처럼 집을 유지하지도 못하면서도 여러 가지 면에서 그들을 따라하지 않을 수 없었다. 그들에게는 아무것도 아닌 비용이 나에게는 감당할 수 없을 정도로 큰돈이기도 했다.

아무리 순수한 인간이라도 그 내면에
어떤 끔찍한 악덕을 숨기지 않은 자는 없다

나의 이력에 별반 흥미로운 점이 없었지만 내가 거기에 집어넣을 수 있는 솔직함 때문에 회고록이 흥미로워질 수도 있다고 느꼈다. 나는 그것을 전례 없이 솔직한 작품으로 만들려고 결심했다. 그래서 한 번쯤은 인간을 내면에 있는 그대로 볼 수 있게 하려고 했다. 나는 늘 몽테뉴의 허위적인 순진성을 비웃어 왔다. 그는 자기의 결점을 고백하는 척하면서도 자신에게 사랑스러운 결점들만을 부여하려고 무척 애쓴다.

반면에 모든 것을 고려해 볼 때 이 세상에서 가장 선량한 인간은 아직도 나 자신이라고 믿어 왔고 지금도 그렇게 믿고 있는 나는, 아무리 순수한 인간이라도 그 내면에 어떤 끔찍한 악덕을 숨기지 않은 인간은 없다고 느끼고 있다. 세상은 나를 실제의 나와 너무 다르게 그리고 가끔은 정반대의 모습으로 묘사하고 있음을 잘 알고 있었다. 그래서 내게 잘못이 있고 그 잘못을 숨기고 싶은 의도가 전혀 없다고 하더라도, 있는 그대로의 나를 보여주면 결국 내게 더 득이 될 수밖에 없었다. 더구나 있는 그대로의 나를 드러내려면 다른 사람들도 있는 그대로의 자신을 보도록 할 수밖에 없다. 그러므로 이 책은 나를 비롯한 다른 많은 사람들이 죽고 난 뒤에만 세상에 나올 수 있을 것이다.

사는 집만은 언제나 내 것으로
가지고 있어야 한다

몽 루이의 작은 집의 수리가 끝나자, 나는 소박하게 가구를 갖추고 그리로 돌아가 다시 자리를 잡았다. 레르미타주를 떠날 때 사는 집만은 언제나 내 것으로 가지고 있어야 한다는 결심을 깰 수 없었기 때문이다. 그렇지만 나는 또 '작은 성'(집 수리 기간 동안 루소는 뤽상부르 원수의 저택에 있는 이 '작은 성'에 머물렀다.)에 있는 내 거처를 떠날 결심도 할 수가 없었다. 나는 그곳의 열쇠를 가지고 있었고 회랑에서의 멋진 아침 식사도 아주 좋아했기 때문에, 종종 그곳에 가서 잠을 자기도 하고 가끔 시골 별장처럼 2, 3일씩 묵기도 하였다. 아마 그때 나는 개인으로서 유럽에서는 가장 훌륭하고 상쾌한 곳에서 살았던 것 같다.

"저는 각하를 알기 전에는 고관대작들을 미워했습니다.
하지만 그들이 얼마나 쉽게 남의 흠모를 받을 수 있는지를
각하께서 보여주셨기 때문에 저는 그들이 더욱더 미워졌습니다"

그들은 성에서 나와 매우 힘든 산길을 통해 이곳 몽 루이까지 순례하는 일을 게을리하지 않았다. 이것은 모두 뢰상부르 부부의 덕택이었다. 나는 그렇게 느꼈고 진심으로 그에 대해 경의를 표했다. 한번은 감격하여 흥분한 나머지 뢰상부르 공작을 껴안고 이렇게 말한 적이 있다.

"원수님! 저는 각하를 알기 전까지 고관대작들을 미워했습니다. 하지만 그들이 얼마나 쉽게 남의 흠모를 받을 수 있는지를 각하께서 내게 보여주셨기 때문에 저는 그들이 더욱더 미워졌습니다."

내가 이러한 화려함에
단 한 번이라도 눈먼 적이 있었던가?
그 향기에 내가 넋을 잃었던가?

이 시기에 나를 만났던 모든 사람들에게 그들이 나의 이런 모습을 본 적이 있는지 묻고 싶다. 내가 이러한 화려함에 단 한 번이라도 눈먼 적이 있었던가? 그 향기에 내가 넋을 잃었던가? 내 품행에 덜 소탈한 데가 있었고, 내 의상에 덜 소박한 데가 있었던가? 하층민들에게 덜 다가가고 내 이웃들과 덜 친근한 적이 있었던가? 수도 없이 이어지고 때로는 무리한 성가신 부탁들에 끊임없이 시달리면서도 결코 그 부탁을 거절하는 일 없이, 할 수 있다면 모든 사람들에게 도움이 되기를 주저했던 적이 있었던가? 나의 마음은 그 주인들에 대한 진심 어린 애정 때문에 몽모랑시 성에 이끌리기도 했지만, 그와 동시에 평탄하고 소박한 생활의 달콤함을 맛보려고 이웃 사람들에게로 되돌아왔다. 그러한 생활 속에 나의 유일한 행복이 있었기 때문이다.

그녀가 불어넣는 감정보다
더 다정하고 순결한 것은 없었다

뤽상부르 부인은 이번 여행에 지금은 로쟁 공작부인이 된 손녀 부플레르 양을 데려 왔다. 당시 그녀는 아멜리(Amílie de Bouffleres; 1751년 5월 5일 생으로 원수가 첫 번째 부인에게서 얻은 아들 부플레르 백작의 딸)라고 불렸다. 매력적인 아가씨였다. 참으로 그녀는 처녀다운 용모와 부드러움과 수줍음을 지니고 있었다. 그녀의 용모보다 더 사랑스럽고 더 관심을 끄는 것은 없었고, 그녀가 불어넣는 감정보다 더 다정하고 순결한 것은 없었다. 게다가 열한 살밖에 되지 않은 어린아이였다.

그녀가 너무 수줍음을 탄다고 생각한 원수 부인은 그녀를 활달하게 만들려고 애썼다. 그녀는 여러 번 나에게 입맞춤하는 것을 허락했다. 나는 그 입맞춤도 여느 때처럼 멋쩍게 했다. 이런 경우에 내가 아닌 다른 사람이었더라면 친절한 말을 했을 텐데, 나는 아무 말도 못하고 당황하고 있었다. 그러니 이 가련한 소녀와 나 둘 중 누가 더 수줍어했는지 모를 정도였다.

어느 날 나는 '작은 성'의 계단에서 혼자 있는 그녀와 마주쳤다. 그녀는 방금 테레즈를 만났고, 그녀의 가정교사는 아직 테레즈와 같이 있었다. 무슨 말을 해야 할지 몰라서 나는 소녀에게 입을 맞추자고 제의했고, 그녀는 순진한 마음에서 그것을 거절하지 않았다. 그녀는 바로 그날 아침에도 할머니 앞에서 할머니가 시키는 대로 내 입맞춤을 받았기 때문이다.

"전하, 체스에서 늘 져드리기에는
전하를 너무도 존경하고 있습니다."

몽 루이에 있는 나의 처소는 아주 아담하고 망루의 위치가 매력적이라 나는 콩티 대공(Prince de Conti; 루이 15세의 사촌이자 그의 외교 밀사였다.)을 그곳으로 안내했다. 그런데 대공은 나에게 분에 넘치는 호의를 베풀어 영광스럽게도 나와 체스를 두자고 했다. 나는 대공이 나보다 훨씬 잘 두는 로랑지 기사를 이겼다는 사실을 알고 있었다. 하지만 로랑지 기사와 그 보좌관들이 눈짓을 보내고 얼굴을 찌푸려도 나는 그냥 두 판을 내리 이겨 버렸다. 게임이 끝나자 나는 그에게 정중하지만 아주 의젓하게 말했다. "전하, 체스에서 늘 져드리기에는 전하를 너무도 존경하고 있습니다." 재치와 감각과 식견이 풍부하고 아첨 따위는 사절하는 이 고귀하고 위대한 대공은 사실 그 자리에서 자신을 인간으로 대우한 사람이 나밖에 없다고 느꼈을 것이다. 적어도 나는 그렇게 생각한다. 그리고 대공이 이 말에 대해 내게 기분 나빠 하지 않았으리라 믿어도 괜찮을 것이다.

승리한 사랑도 내게 치명적이지만
패배한 사랑은 더욱더 치명적이었다

부플레르 부인은 자신이 내 마음에 동요를 일으켰다는 것을 알았기 때문에 내가 그것을 극복했다는 것도 눈치챌 수 있었다. 나는 이 나이에 똑같은 감정으로 부인의 마음을 녹일 수 있었다고 믿을 만큼 미치지도 않았고 자만하지도 않다. 그러나 부인이 테레즈에게 한 몇 가지 말들을 들어보고 내가 부인의 호기심을 자극했다고 생각했다. 만일 그렇다면, 그리고 자기를 만나서 실망시킨 나를 용서치 않았다면, 나는 정말 태어나기를 내 약점들의 희생물이 되도록 태어났다고 인정해야만 한다. 승리한 사랑도 내게 그토록 치명적이지만 패배한 사랑은 그 못지않게 치명적이기 때문이다.

제 11 권

1760~1762

APHORISMS FROM THE CONFESSIONS OF JEAN-JACQUES ROUSSEAU

루소는 제 9, 10권은 길잡이가 되어 준 편지 모음집 덕분에 그나마 상세히 기록했다고 말한다. 하지만 이제부터는 기억의 흔적을 더듬어 가는 것이라고 말하면서도 이렇게 강조하고 있다.

"그러나 이 잔인한 시기의 기억들은 너무도 강렬해 내 기억 속에 그대로 남아 있다. 불행의 바닷속에서 길을 잃은 나는 첫 번째 난파 뒤의 일들은 흐릿하게 기억하지만, 그 난파에 대한 세세한 사항들은 결코 잊을 수 없다."

1760년 루소는 『신엘로이즈』에 큰 기대를 걸고 있었다. 판매가 되기 전 책에 대한 소문이 돌았기 때문이다. 마침내 11월 22일 레가 『신엘로이즈』의 초판을 보내왔고, 이 가운데 몇 권이 12월 중순에 은밀히 퍼져 나갔으며, 이듬해 1761년 1월 말 파리에서 발매되면서 엄청난 성공을 거두었다.

하지만 이 해에 뤽상부르 원수가 누이 발루아 공작부인, 딸 로베크 공작부인, 외아들 몽모랑시 공작과 손자 뤽상부르 백작 등을 차례로 잃고 슬픔에 빠지자 루소도 같이 슬퍼해 주면서, 무능한 의사들을 비난했다.

6월 12일 죽음이 멀지 않았다고 생각한 루소는 뤽상부르 부인에게 테레즈와의 관계와 그녀와의 사이에 낳은 아이를 어떻게 했는지를 모두 털어놓았고 뤽상부르 부인은 고아원에 맡긴 루소의 장남을 찾으러 나섰으나 찾는 데 실패한다.

그해 8월 9일 루소는 마침내 『사회계약론』이 완성되자 네덜란드 대사관 전속 목사 부아쟁을 시켜 레에게 원고를 전달하도록 했으며, 10월에는 뒤쉔 서점에서 『에밀』이 인쇄되었다. 하지만 11월 16일 『에밀』의 원고가 '예수회' 회원들의 손에 들어갔다고 생각한 루소는 정신착란 상태에 빠진다.

1762년. 4월 초 『사회계약론』이 드디어 암스테르담에서 출간되었으며, 이어서 5월 27일 『에밀』이 암묵적인 허가를 받고 암스테르담과 파리에서 동시에 출간되었다. 그러나 책에 당시의 종교계를 공격하는 내용이 들어 있다는 이유로 6월 3일 경찰이 『에밀』을 압수하고 법원에 고발했으며, 고등법원은 유죄판결을 내리고 체포령을 발동했다. 루소는 스위스로 피신했으나 제네바에서도 루소에 대한 체포령이 내려지고 『에밀』과 『사회계약론』은 소각되었다.

1762년 5월 암스테르담에서 출간된
『에밀』의 초판 속표지

테레즈와 이별하는 루소

오직 선만을 보아야
할 곳에서는 아무것도 보지 못하는 그런 간교한
인간 말종들에게 이 책을 읽히는 것은 온당치 않다

그 많은 편견과 부자연적인 열정 가운데서 인간의 마음을 잘 분석하지 않으면 진정한 자연의 감정들이 다른 것들과 구별되지 않는다. 이 작품(『엘로이즈』)을 가득 채우고 있는 마음의 미묘함들을 − 내가 감히 이렇게 말할 수 있다면 − 느끼기 위해서는 상류사회의 교육에서만 얻을 수 있는 아주 섬세한 안목이 필요하다. 나는 이 책의 제 4부를 『클레브 공작부인』(1678, 라 파이예트 부인(Mme de Lafayette)의 소설로 섬세한 심리분석 소설의 효시로 알려져 있다.)에 견주기를 주저하지 않는다. 그리고 이 두 작품이 지방에서만 읽혔다면, 지방 사람들은 결코 그것들의 가치를 발견하지 못했을 것이라고 단언한다. 그러니 이 책이 가장 큰 성공을 거둔 곳이 궁정이라고 해서 그리 놀랄 필요는 없다.

이 책은 생생하면서도 베일로 가린 듯한 모호한 표현들이 넘쳐 흐르는데, 자주 접해 본 사람들이 다른 사람들보다 그것들을 발견하는 데 더 익숙하기 때문에 그 사람들 마음에 들기 마련이다. 그러나 또다시 분명히 해두어야 할 것이 있다. 악을 꿰뚫어보는 안목만 있고, 오직 선만을 보아야 할 곳에서는 아무것도 보지 못하는 그런 간교한 인간

말종들에게 이 책을 읽히는 것은 결코 온당치 않다. 예를 들어 『엘로이즈』가 어느 나라(자신의 조국 제네바를 말한다.)에서 출판되었다면, 끝까지 읽는 사람이 하나도 없어서 선보이자마자 매장되었을 것이라고 확신한다.

의사가 승리하는 바람에
결국 그 아이는 굶어죽고 말았다

이 1761년은 내가 이 훌륭한 인물(뤽상부르 원수)을 만나게 된 영광을 가진 이후로 그가 계속해서 당했던 가족과의 사별이 절정에 도달한 해였다. 나를 위해 준비했던 재난이 마치 운명처럼 내가 가장 애착을 받을 만한 사람에게부터 시작된 것 같았다. 첫해에는 그의 누이인 빌루아 공작부인을 잃었고, 다음 해에는 딸 로베크 공녀를 잃었으며, 그다음 해에는 외아들인 몽모랑시 공작(Duke of Montmorency)과 손자인 뤽상부르 백작, 즉 그의 가문과 이름을 유일하게 물려받은 최후의 후계자 두 명을 잃었다.(빌루아 공작부인은 1759년 12월에, 로베크 공작부인은 1760년 7월에, 몽모랑시 백작은 1761년 5월 22일에, 뤽상부르 백작은 4살의 나이로 1761년 6월에 죽었다.)

아들의 예기치 못한 비극적 죽음은 뤽상부르 원수에게 더욱 고통스러웠음이 분명하다. 국왕이 근위대장직을 맡고 있는 원수의 후임자로 그의 아들을, 또 그의 손자를 다음 후임으로 지정하는 특권을 원수에게 약속한 직후였기 때문이다. 그는 가장 큰 희망을 걸었던 손자가 시름시름 죽어 가는 것을 보고 비통해 했다. 그런데 그것은 그의 어머니가 의사를 맹신해서 생긴 일이었다. 그 의사는 음식 대신에 약만 투여해서 이 가엾은 아이를 영양실조로 죽게 만든 것이다. 아아! 내 말을 들었더라면 할아버지와 손자가 둘 다 아직도 살아 있을 텐데. 내가 원수에게 얼마나 말하고 편지를 썼던가! 몽모랑시 부인이 의사를 믿고 자기 아들에게 따르게 한 지나치게 엄격한 식이요법에 대해 부인께 얼마나 많은 충고를 드렸던가!

몽모랑시 부인은 보르되(당시 파리의 유명한 의사)를 신용했고 그녀의 아들은 결국 그 희생물이 되었다. 이 가엾은 아이는 부플레르 부인과 함께 몽 루이로 오는 허락을 얻어 테레즈에게 음식을 달래서 주렸던 배를 채울 수 있었을 때 얼마나 기뻐했던가! 나는 그렇게 많은 재산과 그렇게 훌륭한 이름과 온갖 칭호와 높은 관직을 물려받을 유일한 상속자가 보잘것없는 조그마한 빵 조각을 거지처럼 게걸스럽게 먹는 것을 보고 속으로 부귀 권력에서 생기는 불행을 얼마나 개탄했던가! 결국 내가 무슨 말이나 행동을 하건 헛수고가 되었고, 의사가 승리하는 바람에 결국 그 아이는 굶어죽고 말았다.

내가 해준 어색한 칭찬의 말은
때때로 신랄한 비판보다
더 많은 화를 불러들였다

내 재능은 유익하지만 가혹한 진실을 힘차고 용기 있게 사람들에게 말해주는 데 있었다. 나는 그것을 스스로 지켜내야만 했다. 나는 아첨을 할 줄도 모르고 남을 칭찬할 줄도 모르는 사람이다. 내가 해준 어색한 칭찬의 말은 때로 신랄한 비판보다 더 많은 화를 불러들였다. 나는 여기서 매우 끔찍한 일례를 들어야겠는데, 그것은 그로부터 생겨난 여파가 내 여생의 운명을 좌우했을 뿐만 아니라 아마 자손만대에 걸친 내 평판까지 결정할 정도였다.

이름을 거명하지 않은 채 누군가를 열렬히 칭찬하고 또 누군가를
심하게 비난할 때는, 그 대상이 누구인지
분명히 알 수 있도록 해야 한다

어떤 경우에도 퐁파두르 부인은 나를 도와줄 생각이 별로 없어 보였
다. 그런데도 로랑지 기사는 이 귀부인을 찬양하는 글을 뭐라도 써보
라고 하면서 그것이 내게 도움이 될 수 있을지 모른다고 넌지시 말했
다. 이런 제안에 나는 분통을 터뜨렸는데, 그것이 그의 생각에서 나온
것이 아니라는 것을 잘 알고 있기 때문에 더욱 그랬다. 나는 이 사람이
수동적이라 남이 쑤셔 대는 대로 생각하고 행동한다는 것을 알고 있었
다. 나는 너무나 자제할 줄 몰라서, 그의 제의를 경멸하고 있다는 점을
누구에게도 감출 수 없었다.

그리고 이런 모든 이유로 슈아죌 씨를 위한 기원 속에는 내 천성
과 나 자신의 이해관계가 얽혀 있었다. 그에 대해 아는 것이라고는 그
의 재능뿐이었지만, 그 재능에 크나 큰 존경을 품고 있었고, 그의 호의
에 대해 감사한 마음으로 가득 차 있던 데다가 나는 은둔하고 있어 그
의 기호나 생활태도를 전혀 몰랐기 때문에 나는 그를 대중과 나 자신
에 대한 복수자로 간주했다.

당시 나는 『사회계약론』을 마무리하면서 전임 장관들과 그들을 압

도하기 시작하는 장관에 대해 내가 생각하는 바를 한마디 써넣었다. 이번에는 가장 변함없이 지켜온 원칙을 어겼다. 게다가 같은 글에서 이름을 거명하지 않고 누군가를 열렬히 칭찬하고 또 누군가를 심하게 비난할 때는, 제아무리 의심 많은 사람이라도 결코 오해하는 일이 없도록 그 찬사가 자신을 향한 것임을 분명히 해야 한다는 생각을 하지 못했다. 나는 그 점에 대해 너무나 어리석을 정도로 안심하고 있어서 착각하는 사람이 있으리라고는 꿈에도 생각하지 못했다.

모욕적인 것은 그 이름을 개에게 붙였다는 것보다도
그 이름을 다시 떼었다는 것이었다

나는 개를 기르고 있었는데, 레르미타주로 이사온 후 누가 아주 어린 녀석을 한 마리 주었다. 나는 그 녀석을 '뒤크'(Duc; '공작'이라는 뜻)라고 불렀다. 그 녀석은 잘생기지는 않았지만 귀한 품종으로, 나는 그 녀석을 내 반려자이자 친구처럼 키우고 있었다. 성격이 좋고 귀여울 뿐만 아니라 우리는 서로에게 애착을 갖고 있었기 때문에 그 개는 몽모랑시 성에서 유명해졌다. 그러나 나는 매우 바보 같은 소심함 때문에 그 개의 이름을 '투르크'(Turc; '터키 사람'이라는 뜻)로 바꿨다. '마르키'(Marquis; '후작'이라는 뜻)라고 불리는 개가 많이 있지만 그 때문에 분개하는 후작은 하나도 없는데도 말이다.

개의 이름이 이렇게 바뀐 것을 알게 된 빌루아 후작은 그 점에 대해 나를 몹시 추궁하는 바람에 식탁에서 내가 했던 일을 말하지 않을 수 없었다. 이 문제에서 '공작'이란 이름에 모욕적인 것은 그 이름을 내가 개에게 붙였다는 것보다도 그 이름을 다시 떼었다는 것이었다. 무엇보다도 난처한 일은 그 자리에 공작들이 몇 사람 있었다는 것이다. 당시 빌루아 후작도 곧 공작이 될 사람이었는데, 그런 사람이 나를 난처하게 만들어 놓고 그 난처함을 가장 잔인한 방식으로 즐겼던 것이다.

부모가 잠깐 본 아이를 너무 오래 못 보면
결국 부모로서의 감정이 약화되며
끝내는 그 감정이 아주 사라져 버리고 만다

꽤 오랫동안 상황이 이런 상태(뤽상부르 원수 부부와 친밀한 사이)로 유지되었다. 결국 뤽상부르 부인은 고아원에서 내 자식들 중 하나를 데려오겠다고 할 정도로 호의를 베풀었다. 부인은 내가 장남의 배냇저고리에 이름 머리글자를 붙여 놓았다는 것을 알고, 그 머리글자의 사본을 달라고 했다. 나는 그것을 내주었다. 부인은 아이를 찾는 이 일에 자기 시종이자 심복인 라 로슈를 붙였지만 아무것도 찾지 못했다. 겨우 12년에서 14년밖에 지나지 않았기 때문에, 버려진 아이들의 명부가 잘 정리되어 있거나 조사가 잘 이루어졌다면 그 머리글자 원본을 틀림없이 찾았을 텐데 말이다.

하지만 내가 그 아이가 태어난 때부터 지금까지 수시로 찾아다닌 것보다 그가 실패한 것이 덜 유감스러울지도 모른다. 만일 정보를 얻어 어떤 아이를 내 자식이라고 내보인다면, 그것이 정말 내 자식일까 하는 의심이 혹시 다른 아이를 바꿔온 것은 아닐까 하는 불안으로 번져 내 마음을 옥죄었을 것이므로, 자연적으로 우러나는 진정한 감정을 맛보지는 못했을 것이다. 이렇듯 유아기에는 이러한 감정이 유지되기 위해서 습관에 도움 받을 필요가 있다. 부모가 잠깐 본 아이를 너무 오래 못 보면 결국 부모로서의 감정이 약화되며, 끝내는 그 감정이 아주 사라져 버리고 만다. 그러므로 유모에게 맡겨 기른 아이는 부모 품에서 자란 아이만큼 사랑을 받지 못할 것이다. 이러한 성찰은 그 결과로 보면 내 잘못을 덜어 줄 수도 있으나 그 원인으로 보면 잘못을 더욱 무겁게 하는 것이다.

『에밀』은 마침내
파리와 암스테르담에서 계약이 성사되었다

나는 『에밀』의 원고를 뤽상부르 부인에게 넘겨준 이래 오랫동안 그것에 대한 말을 듣지 못하고 있었는데, 마침내 파리의 서적상 뒤쉔과 계약이 성립되고 또 그를 통하여 암스테르담의 서적상 네올므와도 계약이 성립된 것을 알았다. 뤽상부르 부인은 내게 서명하라고 뒤쉔과 맺은 계약서 원본과 사본 두 통을 보내왔다. 나는 그 필적이 말제르브 씨가 대필로 보낸 편지들의 필적과 같다는 것을 알았다. 내 계약서가 행정관 말제르브의 승인을 얻어 그가 보는 앞에서 작성되었다는 것을 이렇게 확신했기 때문에 주저없이 서명했다.

뒤쉔은 이 원고에 대해 6천 리브르(livres; 250파운드)를 내게 주었는데, 그중 반은 현금이었다. 또 책도 1, 2백 부 보내왔다. 원본과 사본 두 통의 계약서에 서명한 다음 뤽상부르 부인의 요청대로 두 통을 모두 그녀에게 보냈다. 그녀는 한 통을 뒤쉔에게 주고 또 한 통은 내게 돌려주지 않고 자기가 보관했기 때문에, 그 후로 나는 계약서를 한 번도 보지 못했다.(⟨뇌샤텔 도서관⟩에 보관된 『에밀』 계약서 원본에는 루소가 뒤쉔에 원고를 6천 프랑에 팔았는데, 반은 현금이고 반은 어음이었다. 이외에 뒤쉔은 작품을 발매하기 전에 가제본 100부를 루소에게 인도할 것을 약속했다.)

서적상의 변변치 않은 아량에는 이토록 민감한 내가
그 많은 상류층의 요란한 열망에는 왜 그토록 무덤덤했던가

출판업자 레는 3백 리브르(12파운드)의 종신연금을 테레즈에게 주면서, 그것이 내가 그에게 준 이익에 대한 감사의 표시라고 증서에 써 넣었다. 그는 우리 두 사람 사이의 일이라고 하면서 과시도 하지 않고 잘난 체도 하지 않고 입 밖에 내지도 않았다. 내가 누구에게 그것을 말하지 않았다면 그것에 대해 아무도 몰랐을 것이다. 나는 이런 행동에 몹시 감동하여 그 후로 그에게 진실한 우정을 느끼게 되었다. 얼마 후 그는 내가 자기 아이들 중 한 아이의 대부가 되기를 바랐고, 나는 그것을 승낙했다. 사람들에 의해 이런 처지에 몰린 내가 애석해 하는 것들 중 하나는 이후 내 대녀나 그 부모에게 내 애정을 유용한 것으로 만들 수 있는 수단을 박탈당했다는 것이다.

이 서적상의 변변치 않은 아량에는 그토록 민감한 내가 그 많은 상류층 사람들의 요란한 열망에는 왜 그토록 무덤덤했던가? 그 사람들은 내게 좋은 일을 해주려 했다고 말하면서 그 좋은 일로 세상을 허풍스럽게 채우지만 나는 그것에 대해 아무런 느낌이 없었다. 그것은 그들의 잘못인가 아니면 내 잘못인가? 그들이 헛된 것인가 아니면 내가 생각도 없는 배은망덕한 사람인가?

"내 것은 우리 것이지만
당신 것은 당신 것이야"

이 연금은 테레즈의 생활비로서는 큰 수입원이었고 나에게는 큰 위안이었다. 그런데 나는 그녀가 사람들로부터 받았던 모든 선물들도 마찬가지였지만, 거기서 나를 위한 직접적인 이익을 챙긴 적은 결코 없었다. 그녀는 늘 모든 것을 자신이 처리했다. 내가 그녀의 돈을 맡을 때면 깨끗이 계산해 주었고, 한 푼도 공동의 비용에 쓰는 일이 없었다. 심지어 그녀가 나보다 부유할 때도 그렇게 했다. 나는 "내 것은 우리 것이지만 당신 것은 당신 것이야"라고 그녀에게 말하곤 했다.

나는 이 원칙에서 결코 벗어난 적이 없었다. 내가 거절한 것을 그녀의 손을 통해 받는다고 나를 비난했던 천박한 사람들은 분명 자기들의 잣대로 내 마음을 판단했던 것 같은데, 나를 거의 모르고 그런 것이다. 나는 테레즈가 벌어온 빵이라면 아마 기꺼이 그녀와 함께 그 빵을 먹을 것이다. 그러나 그녀가 다른 사람으로부터 받은 빵이라면 절대로 그러지 않을 것이다. 나는 이제부터 이 점에 대해서는 그녀를 증인으로 세우겠다. 유감스럽게도 그녀는 여러 면에서 절약은 거의 모르며 별로 꼼꼼하지 않고 씀씀이도 헤펐다. 그녀는 허영기나 탐식이 아니라 다만 무관심 때문에 그랬던 것이다.

우리 둘 다 부자가 될 운명으로 태어나지 못했지만
나는 그것을 불행으로 치부하지 않았다

이 세상에 완벽한 사람은 없다. 그리고 그녀의 장점에 대가가 따라야만 한다면 비록 그 결점이 우리 둘 모두에게 훨씬 더 해롭더라도 그녀에게는 악덕보다 결점이 있는 것이 더 낫다. 내가 전에 엄마에게 그랬듯이, 그녀를 위해 앞으로 수입원이 될 수 있는 약간의 선금을 모아 주려고 얼마나 신경을 썼는지는 상상할 수 없다. 하지만 그것은 언제나 헛수고였다. 엄마나 테레즈나 자신의 처신을 반성하지 않았다. 그래서 나의 모든 노력에도 불구하고 내가 벌어온 것들은 모두 들어오는 족족 사라지고 말았다. 테레즈는 아주 간소하게 옷을 입었지만, 레의 연금도 그녀의 옷값에 충분하지 않았다. 그래서 나는 매년 옷을 사는 데에 내 돈을 약간씩 보태 주지 않으면 안 되었다. 우리 둘 다 부자가 될 운명으로 태어나지 못했지만, 나는 분명히 그것을 우리의 불행으로 치부하지 않았다.

비밀은 경솔하다고까지 말할 수 있을 정도로 솔직한
내 천성과는 너무도 상반된 것이다

내 상태가 악화되는 동안 『에밀』의 인쇄는 지지부진하다가 결국 중단되고 말았다. 나는 그 이유를 알 수 없었고 기(Guy)는 더 이상 내게 편지도 답장도 해주지 않았다. 그리고 당시 말제르브 씨는 시골에 있었으므로 나는 누구에게도 소식을 들을 수 없었다.

　나는 어떠한 불행일지라도 그것이 어떤 것인지 알기만 하면 결코 낙담하지 않는다. 그러나 내 타고난 성향은 어둠을 무서워하며, 나는 그 어두운 분위기에 몸서리를 친다. 비밀은 언제나 나를 불안하게 한다. 비밀은 경솔하다고까지 할 수 있을 정도로 솔직한 내 천성과는 너무도 상반된 것이다. 아무리 흉악한 괴물을 보아도 그다지 무서워할 것 같지 않지만, 밤중에 하얀 시트를 뒤집어쓴 어떤 형체를 본다면 분명 무서울 것이다. 이처럼 오랜 침묵으로 자극받은 나의 상상력은 이제 유령의 모습을 그려내는 데 골몰했다. 내 최후의 저서이자 최고의 저서를 출판하는 데 크게 마음을 쓸수록 출판을 막을 수 있는 요인을 찾기에 고심했다. 나는 항상 모든 것을 극단으로까지 끌고 나갔기 때문에 인쇄의 중단을 발행금지라고 믿었다. 그렇지만 그 원인이나 방법을 상상할 수가 없어서 가장 끔찍한 불안 상태에 빠져 있었다.

광적으로 신을 믿지 않는 것이나 광적으로 신을 믿는 것은
관용이 없다는 점에서 둘 다 비슷해 서로 협력할 수 있다

나는 베르티에 신부의 사탕발림에도 불구하고 예수회원들이 나를 좋아하지 않는다는 것을 항상 느끼고 있었다. 그들이 보기에 나는 백과전서파의 한 사람일 뿐만 아니라 내 모든 원칙들이 백과전서파인 내 동료들의 무신앙보다 훨씬 더 그들의 근본 규칙과 평판에 배치되었기 때문이다. 광적으로 신을 믿지 않는 것이나 광적으로 신을 믿는 것은 공통적으로 관용이 없다는 점에서 둘 다 비슷해 서로 협력할 수도 있다. 그들은 중국에서도 그랬고(1692년 중국의 황제는 예수회가 기독교를 전파하는 것을 허가했다.), 또 나를 해치기 위해서도 그랬다. 반면에 합리적이고 도덕적인 종교는 양심에 대한 인간의 영향력을 모두 배제하므로 이러한 영향력을 멋대로 행사하려는 사람들에게 그 수단을 허용하지 않는다.

나는 종교 고문관이 예수회원들과 막역한 친구 사이라는 것을 알았기 때문에 그의 아들(말제브르)이 아버지에게 위협을 받아 자신이 보관했던 저술을 어쩔 수 없이 예수회원들에게 넘겨주지 않았는지 걱정됐다. 1권과 2권에 대해 사람들이 채택한 속임수에서 이렇게 넘겨준 일의 결과를 알 수 있을 것 같았다. 사람들은 여기서 아무것도 아닌 것들 때문에 수정을 요구한 것이다. 반면 다른 두 권은 누구나 알다시피 대단히 과격한 것들로 가득 차 있어서 앞의 두 권처럼 검열을 받는다면 전부 다시 써야만 했을 것이다. 게다가 말제르브 씨 자신이 내게 말했지만, 그가 이 출판의 검열을 맡긴 그라브 신부도 예수회의 또 다른 분파라는 사실을 나는 알고 있었다.

나는 인간들의 음모를 이겨낼 유리한 증거를 내 저술들 속에
남겼다고 확신하므로 훨씬 더 평화롭게 죽어갈 것이다

나는 나 자신이 죽어가고 있다고 느꼈다. 내가 죽은 후 내 가장 가치
있는 저서 속에서 내 평판이 훼손되어 남겨진다는 생각으로 가득 차
두려웠기 때문에, 어떻게 이런 터무니없는 일들이 나를 바로 끝장내지
않았는지 놀랄 따름이다. 내가 죽는다는 것을 이때만큼 두려워한 적은
없다. 만약 이러한 처지에서 죽었다면 절망 속에서 죽었을 것이라고 생
각한다. 오늘날 한 인간의 기억을 해치기 위해 꾸며진 가장 음험하고
무시무시한 음모가 아무런 방해도 없이 실행되어 나가는 것을 알지만,
나는 인간들의 음모를 이겨낼 내게 유리한 증거를 내 저술들 속에 남
겼다고 확신하므로 훨씬 더 평화롭게 죽어갈 것이다.

나에겐 상상에서 나온 악이
실제의 악보다 더 잔인하다

이렇게 있지도 않은 병들에 대해 여러 해 동안 잇달아 치료를 받은 후, 나는 마침내 내 병이 생명에는 지장 없으나 불치병이라 죽을 때까지 지속될 것이라는 사실을 알게 되었다. 이러한 사실을 알게 되자 상상력도 억제되어, 이제 결석의 고통 속에서 끔찍하게 죽으리라는 예측도 사라져 버렸다. 오래전에 요도 속에서 부러진 소식자(消息子; 체강(體腔)이나 장기 조직(臟器組織) 속에 넣어 상태를 진단하고 치료하는 데 쓰는, 대롱 모양의 기구)의 끝부분이 결석의 핵이 된 것은 아닐까 하는 걱정도 벗어 버렸다. 상상에서 나온 악이 실제의 악보다 나에게 더 잔인하다. 나는 후자에 더 고통을 겪었지만, 이때 훨씬 더 가벼워졌다는 것은 확실했다. 그리하여 나는 이렇게 고통이 줄어든 것이 뢰상부르 씨의 덕분이라는 사실을 회상할 때마다 새삼 그의 기억이 소중해진다.

죽었다가 다시 살아나 내 여생을 바치고자 하던 계획에 어느 때보다도 몰두하게 된 나는 오직 『에밀』의 출간만을 기다리고 있었다. 나는 전에 가본 일이 있는 투렌을 생각했는데, 그곳은 그 온화한 기후며 온화한 성격의 주민들 때문에 매우 마음에 들었다.

『에밀』처럼 사적으로는 그토록 엄청난 찬양을 받았으면서도 공적으로는 그토록 칭찬받지 못한 책은 없었다

『에밀』은 앞서 간행된 내 모든 저술들과는 달리 박수 갈채를 받으며 출간되지는 못했다. 어떤 저서도 『에밀』처럼 사적으로는 그토록 엄청 난 찬양을 받았으면서도 공적으로는 그토록 칭찬받지 못한 것은 없었 다. 이 책에 관하여 가장 올바른 평가를 할 수 있는 사람들이 이 책에 대해 말이나 편지를 통해 내게 확신시켜 준 사실은 이 책이 내 저술들 중 가장 중요하고 또 가장 훌륭하다는 것이었다. 그렇지만 이 모든 칭 찬은 아주 보기 드문 미스테리한 분위기 속에서 이루어져, 마치 이 책 에 대해 사람들이 생각한 좋은 점은 비밀로 해두는 것이 필요한 것 같 았다.

부플레르 부인은 온 인류가 이 책의 저자를 위해 동상을 세워 숭 배해야 마땅하다고 내게 썼지만, 편지 말미에는 이 편지를 되돌려달라 고 부탁했다. 달랑베르는 이 저서가 내게 결정적인 우월함을 부여하 고 내가 모든 문인들의 선두에 서게 할 것이라고 편지를 썼으나 서명 은 하지 않았다. 이전에 내게 보낸 편지들에는 모두 서명했으면서도 말 이다. 뒤클로(Duclos; 1704-1772, 프랑스의 작가)는 믿을 만한 친구였고 또 진실한 사람이었으나 조심스러운 성격이어서, 이 책을 높이 평가하기는 했지만 그것을 내게 글로 써서 말하기를 꺼려 했다. 라 콩다민(La Condomine; 1701-0774, 프랑스의 수학자이자 탐험 여행가)은 『에밀』에 들어 있는 '사부아 보좌신부의 신앙고백'에 덤벼들어 헛소리만 늘어놓았다. 클레로(Alexis Clairaut; 1713~1765, 프랑스의 수학자)는 그가 보낸 편지에서 같은 부분을 다루는 데 그쳤다. 그러나 그는 책을 읽고 느낀 감동을 거리낌 없이 표현했다. 그는 이것을 읽고 자신의 늙은 상상력이 고양되었다고 가장 직설적인 용어로 내게 썼다. 내가 책을 보내주었던 모든 사람들 가운데 오직 클레로만이 그것에 대해 자신이 생각한 것을 자유롭게 말했던 것이다.

많은 날들의 추억이 처음으로 이별하는 데서 오는
슬픔을 더욱 뼈저리게 했다

부플레르 부인은 이러한 결심을 극구 반대하고 나를 설득시켜 영국으로 보내려고 다시 노력했다.(루소는 『에밀』 때문에 고발당했고 곧 체포령이 내렸다.) 하지만 그녀가 뭐래도 아무런 소용이 없었다. 나는 영국도 영국인도 결코 좋아하지 않았다. 그래서 부플레르 부인의 열변은 내 반감을 꺾기는커녕 왠지 모르게 더욱 조장하는 것 같았다.

바로 그날(1762년 6월 9일) 떠날 것을 결심하고 남들에게는 아침부터 떠난 것으로 해 두었다. 내 서류들을 찾으러 라 로슈를 보냈는데 그는 테레즈에게까지도 내 출발 여부를 말하려 하지 않았다. 회고록을 쓰려고 결심했기 때문에 나는 많은 편지들과 그 밖의 서류를 모으고 그것들을 여러 차례 날라야 했다. 이미 뽑아 놓은 서류들 일부는 따로 남겨 두고 아침에는 나머지들을 분류하는 데 몰두했는데, 내게 필요한 것들만 가져가고 나머지는 소각해 버릴 요량이었다.

뤽상부르 씨가 내가 이 일을 하는 것을 기꺼이 도와주려 했지만, 그일은 시간이 매우 걸려 아침 나절에 끝낼 수가 없었고 내게는 서류 하나 태울 틈도 없었다. 원수님은 그 나머지 분류를 책임지고, 어느 누구에게도 맡기지 않고 버릴 것들은 손수 불에 태워 버리고, 따로 남겨 둘

것은 모두 내게 보내주겠노라고 했다. 나는 그런 수고에서 해방되어 내게 남은 얼마 되지 않은 시간을 영원히 이별해야 할 그토록 정다운 사람들과 함께 보낼 수 있게 되어 매우 기뻐하며 그의 제안을 수락했다. 내가 그 서류들을 놓아 둔 방의 열쇠는 그가 맡았다.

그리고 나의 간청으로 그는 내 불쌍한 아줌마(테레즈)를 부르러 사람을 보냈다. 그녀는 내 현재의 처지와 장차 자신의 처지에 대해 전혀 모르고, 또 집행관들이 언제라도 들이닥쳤을 때 자신이 어떻게 행동하고 그들에게 어떤 답변을 해야 할지 몰라 극도로 초조해졌다.

라 로슈는 조용히 그녀를 성관으로 데리고 왔다. 그녀는 이미 내가 몽모랑시를 떠나 버린 줄로 알고 있었다. 그녀는 나를 보자 대기를 찢을 듯 날카로운 비명을 지르며 와락 내 품으로 안겼다. 오! 우정, 서로 닮은 심성, 습관과 친밀감이여. 이렇듯 다정하지만 괴로운 순간에 행복하고 정답고 평화롭게 함께 보냈던 그토록 많은 날들의 추억이 17년 가까운 동안 거의 단 하루도 헤어져 본 일이 없다가 이제 처음으로 이별하는 데서 오는 슬픔을 더욱 뼈저리게 했다.

"사랑하는 이여,
나를 따라온다면 치욕과 불행만을 기대해야 하오"

우리가 서로 헤어지기 전 그녀를 포옹하는 순간 나는 매우 야릇한 감정을 느꼈다. 걱정에 사로잡힌 나는 그녀에게 이런 말을 했는데, 아, 그것은 너무나 예언적이었다.

"사랑하는 이여, 용기를 갖고 스스로 강해져야 하오. 당신은 내 풍요로웠던 날들을 함께 나누었고, 당신이 나를 택한 이상 내 불운을 함께 나누는 일이 남아 있소. 나를 따라온다면 치욕과 불행만을 기대해야 하오. 이 슬픈 날로부터 내게 시작되는 운명이야말로 내 최후의 시각까지 나를 계속 따라다닐 것이오."

불행한 일이 일어나버린 뒤에는 더 이상 대비할 필요가 없으며 그것에 몰두하는 것은 무익한 짓이다

내게 조금 전 일어났던 모든 일들에 대한 생각들에 골몰하느라 도중에 지루할 틈이 없었다. 그러나 이것은 내 사고방식도 내 마음의 성향도 아니었다. 나는 지나간 불행은 아무리 최근에 일어난 것일지라도 너무 쉽사리 잊어버려 놀랄 정도였다. 미래에서 그 불행을 보며 그것을 예측하는 것은 나를 두렵게 하고 혼란시키지만, 마찬가지로 그 불행에 대한 기억은 희미하게 되살아났다가 곧 지워진다. 아직 멀리 있는 불행 때문에 끊임없이 괴로워하는 내 끔찍한 상상력은 내 주의를 다른 데로 돌려 이미 지나간 불행을 회상하지도 못하도록 한다.

불행한 일이 일어나버린 뒤에는 더 이상 대비할 필요가 없으며, 그것에 몰두하는 것은 무익한 짓이다. 나는 불행이 일어나기 전에 미리 고갈시켜 버린다. 불행을 예견하는 것이 고통스러웠을수록 그것을 잊기란 더욱 쉽다. 그와는 반대로 나는 끊임없이 과거의 행복을 다시 불러낸다. 말하자면 그것을 되씹어서 마음대로 또다시 즐길 수가 있을 정도이다. 나는 바로 이 행복한 기질 덕분에 남으로부터 받은 상처를 항상 기억함으로써 복수심이 강한 마음속에 끓어오르는 그런 언짢음, 자기 적에게 행하고 싶은 모든 나쁜 짓으로 자신의 마음을 괴롭히는 그런 언짢음을 체험했던 적이 결코 없었다. 천성적으로 다혈질인 나는 최초의 충동에서 분노와 때로는 격분까지 느꼈다. 그러나 복수심은 내 마음속에 결코 오래 머물러 있지 않았다. 나는 별로 모욕을 염두에 두지 않아서 모욕을 주는 자를 그다지 마음에 두지 않는다. 내가 그로부터 받은 고통을 생각하는 것도 또다시 그러한 고통을 받을지도 모른다는 생각 때문이다. 하지만 그가 다시는 내게 고통을 주지 않을 것이라 확신한다면 그가 내게 준 고통은 곧 잊힐 것이다.

나는 내 적들에게 별로 관심이 없어서
그들을 용서한다는 미덕을 가질 수 없다

우리는 모욕을 당하거든 용서하라는 설교를 귀가 닳도록 듣는다. 나는 내 마음이 그 증오를 극복할 수 있을지 없을지 잘 모른다. 왜냐하면 내 마음은 그런 열정을 느껴 본 적이 결코 없으며 나는 내 적들에게 별로 관심이 없어서 그들을 용서한다는 미덕을 가질 수 없기 때문이다. 나는 그들이 나를 괴롭히기 위해 그들 스스로를 얼마나 괴롭히고 있는가 말하지 않겠다. 나는 그들의 손아귀에 들어 있다. 그들은 전권을 갖고 있고 그것을 마음대로 사용한다. 하지만 내가 그들의 힘을 무시할 수 있는 유일한 것이 있다. 그것은 그들이 나 때문에 괴로워하기 때문에 최소한 내가 그들 때문에 괴로워하도록 강요하는 것을 무시하는 것이다.

제12권

1762~1765

스위스의 이베르동에서 잠시 숨을 돌린 루소는 베른에서도 루소를 비난하는 소동이 일어났다는 소식에 접한다. 루소는 루아 드 라 투르 부인의 주선으로 뇌샤텔의 프로이센 대공 령인 모티에로 떠났고, 테레즈가 곧 합류했다. 이후 8월 16일 키스 원수의 비호 아래 프리드리히 2세로부터 모티에 체류를 허가받는다.

루소는 그곳에서 후한 대접을 받고 프리드리히 2세에게 감사를 표시했다. 하지만 오스트리아와 프로이센 사이에 벌어진 '7년 전쟁'에서 프로이센이 이기고도 계몽군주로 추앙받던 그가 정치적, 군사적 야욕을 버리지 못하는 것을 보고 실망을 금치 못한다.

그는 모티에에서 소식자(消息子, 진단이나 치료를 위해 체강이나 장기 등에 삽입하는 기구)를 자주 사용해야 하기 때문에 자락이 긴 아르메니아 풍의 옷을 입고 다녔는데, 나중에 이 옷은 주민들 공격의 표적이 된다.

1763년 5월 12일 제네바의 정치에 혐오감을 느낀 루소는 시장에게 편지를 보내 제네바 시민권을 포기했다. 이어서 트롱솅이 『전원으로부터의 편지』로 루소를 공격하자 제네바 정치에 대한 신랄한 비평인 『산으로부터의 편지』로 응수했다.

이듬해인 1764년 3월 루소는 존경했던 뤽상부르 원수의 사망 소식을 듣는다. 그와는 이곳 은둔지에서도 줄곧 편지를 주고받았기에 그의 죽음을 첫 번째 슬픔이라고 적고 있다. 그리고 바랑 부인의 죽음이 두 번째 슬픔이라고 했는데, 이는 루소의 착각이다. 바랑 부인은 1762년 7월 29일에 사망했다.

1765년 9월 그동안 돌봐주는 척했던 개신교 목사 몽몰랭이 본색을 드러내고 루소의 신앙을 트집 잡아 평민들을 선동했다. 그러자 모티에 주민들이 루소의 집과 아르메니아 풍의 옷을 입고 다니는 루소에게 돌을 던지며 난동을 부렸다. 신변의 위험을 느낀 루소는 생피에르 섬으로 잠시 몸을 피해 식물 연구를 하면서 지낸

말년의 루소 (동판화)

다. 이후 베르들랭 부인이 정신적으로 불안한 루소에게 영국으로 피신할 것을 권유한다.

여기까지가 제12권의 줄거리이다. 루소는 몇몇 가까운 귀족들과 그 부인들 앞에서 이 『고백록』의 2부를 낭독해준 뒤, 다음과 같은 말을 덧붙인다.

"나는 진실을 말했습니다. 혹시 내가 지금 진술한 것과 다른 것을 알고 있는 사람이 있다면, 그것이 아무리 입증된 것이라 할지라도 분명 거짓과 중상모략입니다. 그리고 내가 살아 있을 때 내 앞에서 그것을 함께 철저히 규명하고 해명하기를 거부한다면, 그는 정의도 진실도 사랑하지 않는 자입니다. 나는 거리낌 없이 큰 소리로 다음과 같이 선언하는 바입니다. 누구든지, 심지어 내 책을 안 읽었어도 스스로 내 천성과 성격과 품행과 성향과 즐거움과 습관을 훑어본 뒤 나를 부정한 사람이라고 규정할 수 있는 자가 있다면, 그자야말로 숨통을 끊어 놓아야 할 인간입니다."

루소는 1765년 10월 22일 파리 주재 영국대사관 비서관으로 근무하던 데이비드 흄에게 영국으로 초청하는 편지를 받고 모티에를 떠난다. 스트라스부르에서 6주 동안 머물면서 영국으로 갈 결심을 한 루소는 파리에서 만난 흄과 함께 1766년 1월 13일 런던에 도착한다. 그리고 2월 13일 테레즈와도 합류했다. 3월 19일 우튼에 정착한 루소는 『고백록』의 본격적인 집필에 들어갔다.

정원에서 식물을 채집하는
말년의 루소

나는 모든 사람들이 일치단결하여
나를 증오하는 원인을 찾는 데 실패했다

그런데 이 두 번의 영장이 나에 대한 저주의 신호가 되어 유럽 전역에서 전례 없는 분노를 터뜨리기 시작했다. 모든 잡지와 신문과 소책자들이 경종을 울렸다. 특히 매우 온순하고 예의 바르며 관대한 국민으로 불행한 사람들에게 예의와 겸양을 잃지 않는다고 대단히 자부하는 프랑스 사람들이 갑자기 스스로 아끼던 미덕을 잊어버리고 그 횟수와 강도가 심한 모욕을 퍼부으면서 나를 괴롭히는 데 분투하고 있는 듯했다.

그들에 따르면 나는 부도덕한 자, 무신론자, 미치광이, 광견병자, 야수, 늑대였다. 「주르날 드 트레부」('예수회'의 정기간행물)의 계승자는 나의 이른바 낭광병(狼狂病, lycanthropy; 자신이 늑대와 같은 맹수라고 생각하는 정신병)에 대해 공격을 하다가 이야기가 빗나가는 바람에 결국 자기의 낭광병을 그대로 드러내고 말았다. 요컨대 파리에서는 어떤 작가가 어떤 주제에 대한 글을 출판하든 내게 모욕을 가하는 데 소홀히 하면 경찰이 비난할까 봐 두려워하는 것처럼 보였다. 이렇게 모든 사람들이 일치단결하여 나를 증오하는 원인을 찾는 데 실패한 나는 세상사람들이 미쳤다고 생각할 지경이었다.

뭐라고! 『영구평화론』의 편집자가 불화를 퍼뜨리고, 『사부아 보좌 신부의 고백』의 편찬자가 부도덕한 자이며, 『신엘로이즈』의 저자가 늑대이고, 『에밀』의 저자가 광견병자라니. 아, 맙소사! 만약 내가 『정신론』(엘베시우스의 저서로 유물론적 철학을 주장하다 불태워진 책)이나 그 비슷한 책을 출판했더라면 도대체 어떻게 되었을까? 하지만 그 책의 저자에 대한 비난이 들끓었을 때도 대중들은 그를 박해하는 사람들의 외침에 가담하지 않고 오히려 그를 칭찬함으로써 박해자들에게 보복을 가했다. 그의 책과 내 책을 비교하고, 그것들이 받은 서로 다른 대접과 유럽의 여러 국가에서 이 두 저자가 받은 대우를 비교해 보라. 그리고 이러한 차이에 대해 양식 있는 사람을 만족시킬 수 있는 원인들을 찾아보라. 나는 더 이상을 요구하지 않는다.

그는 철학자처럼 생각하고
왕처럼 행동한다

언제나 내 가슴을 애태우는 정의에 대한 천부적인 사랑이 프랑스에 대한 숨겨진 애착과 결부되어 내게 프로이센 왕(계몽군주로 알려진 프리드리히 2세)에 대한 반감을 불어넣었다. 왕은 그의 원칙과 행동으로 자연법이나 인간의 모든 의무에 대한 존경심을 모조리 짓밟고 있는 것 같았다. 내가 몽모랑시의 망루를 장식했던 틀에 끼운 판화들 사이에는 이 군주의 초상화도 하나 있었는데, 그 밑에는 다음과 같이 끝나는 2행시가 있었다.

> 그는 철학자처럼 생각하고
> 왕처럼 행동한다

이 시구가 만약 다른 사람의 손으로 쓰인 것이라면 정말 멋진 찬사가 되었겠지만, 내가 쓴 것이라 너무도 명백한 하나의 의미만을 갖고 있으며, 앞의 시구가 그 의미를 아주 명백하게 설명해 주고 있었다. 나를 찾아온 사람들은 그리 많지 않았지만 모두가 이 2행시를 보았다. 로랑지 기사는 그것을 적어서 달랑베르에게 보내기까지 했다. 나는 달랑베르가 그 시구를 갖고 그 군주에게 나를 인사시키는 수고를 아끼지 않았으리라는 것을 의심치 않는다. 나는 이 첫 번째 실수도 모자라 『에밀』의 한 구절에서 또 다시 실수를 저질렀다. 거기서 다우니아인들(Daunians)의 왕 아드라스트(Adrast)라는 이름을 썼는데, 그것이 누구를 두고 하는 말인지는 대충 알 수 있었다.(이 책의 제 5권에 나오는 이야기로, 이 인물은 신을 경멸하고 사람들을 속이려고만 하는 왕인데, 루소는 프로이센의 프리드리히 2세를 염두에 두고 쓴 것이다) 그리고 부플레르 부인이 이 사항에 대해 내게 수차례 말하는 것으로 보아 비난하기 좋아하는 사람들은 이 같은 지적을 그냥 지나치지 않았던 것이다. 그러므로 나는 프로이센 왕의 명부에 내 이름이 붉은 잉크(낙인 찍힌 자)로 기입되어 있다고 확신했다.

나의 불행 때문에 그녀의 애정이 식는다면
그녀는 지조를 일종의 희생으로 생색낼 것이다

몽모랑시를 떠난 뒤로 나는 앞으로 세상을 떠돌아다닐 운명이라는 것을 절감했다. 그래서 테레즈에게 내게로 와서 내게 형벌로 내려진 방랑생활을 같이 하자고 하기가 망설여졌다. 나는 이러한 파국을 통해 우리의 관계가 변할 것이며, 내가 그때까지는 그녀에게 호의와 우정을 베풀었지만 이후부터는 그런 것들이 그녀의 몫이라고 느꼈다. 비록 그녀의 애정이 내 불행을 견뎌 내고 변치 않더라도, 그녀는 희생양이 될 것이고 그녀의 슬픔은 나에게 고통을 더해 줄 것이다. 또 나의 불명예 때문에 그녀의 애정이 식는다면, 그녀는 내게 자신의 지조를 일종의 희생으로 생색낼 것이다. 그리하여 그녀는 내 최후의 빵 한 조각을 그녀와 더불어 나누면서 내가 느끼는 즐거움을 느끼는 대신, 운명에 따라 내가 가야만 하는 곳마다 나를 따라다니며 자신의 공덕만을 볼 것이다.

자식들에 대해 취했던 태도는 내가 볼 때
아무리 타당한 것이라 하더라도 마음이 편안할 때가 없었다

완벽함을 구해서는 안된다. 자연은 그것을 만들어 내지 않으니까 말이다. 어떤 여자든 그 결과는 모두 마찬가지였을 것이다. 내 자식들에 대해 취했던 태도는 내가 볼 때 아무리 타당한 것이라 하더라도 마음이 편안할 때가 없었다. 나는 『교육론』을 구상하고 있을 때 어떤 이유로도 피할 수 없는 의무를 저버렸다는 것을 느꼈다. 마침내 후회가 막심해져서 『에밀』의 첫머리에서 내 잘못을 거의 공개적으로 고백하지 않을 수 없었다. 그 문장의 표현까지 매우 분명했기 때문에 사람들이 그것을 읽은 후에 내 잘못을 비난하는 용기를 가졌다는 것은 놀라운 일이다. 그렇지만 당시 내 처지는 이전과 마찬가지였고, 오히려 잘못을 찾으려는 적들의 증오심 때문에 더욱 열악한 상태였다.

오! 애정과 기쁨의 눈물은 얼마나 감미로운가!
내 가슴은 얼마나 눈물로 흠뻑 젖었는가!

나는 그녀 없이 지낸다는 것이 나로서는 도저히 불가능함을 마음속으로 절실히 느끼고 가능한 한 빨리 그녀를 다시 불러올 것만 생각했다. 나는 그녀에게 출발하라는 편지를 썼고 그녀가 왔다. 내가 그녀와 헤어진 지 두 달이 채 되지 않았지만, 그것은 아주 오랜 세월이 지난 후 최초의 이별이었고, 우리는 서로 그것을 가장 잔인하게 느끼고 있었던 것이다.

우리의 첫 포옹에 얼마나 감동했던가! 오! 애정과 기쁨의 눈물은 얼마나 감미로운가! 내 가슴은 얼마나 눈물로 흠뻑 젖었는가! 사람들은 왜 내가 이러한 눈물을 더 자주 흘리지 못하게 했던가!

나는 오로지 나에게 펜을 들게 했던
감정에 대해서만 답했다

평화조약이 체결된 후 나는 프리드리히 2세의 군사적이고 정치적인 명성이 절정에 달했다고 여겼다. 나는 이제 그가 자신의 왕국을 다시 부흥시키고, 왕국의 상업과 농업을 진흥시키며, 새로운 토지를 개간하여 그곳에 새로운 백성들을 살게 하고, 모든 이웃 국가들과 평화를 유지하면서, 유럽에 공포를 주던 군주가 이제는 중재자가 됨으로서 다른 부류의 영광을 얻으려 할 것이라고 생각했다. 그는 다른 사람 때문에 칼을 다시 잡아야 할 필요가 없을 것이라는 점을 확신하고 있어서 아무런 위험 없이 칼을 놓을 수 있었다. 그런데도 그가 무장을 해제하지 않는 것을 보고, 나는 그가 지금까지 얻은 이익을 악용하지나 않을까, 그 위대함이 반쪽 나지 않을까 염려했다.

나는 이 문제에 대하여 감히 왕에게 편지를 올려 그와 같은 기질을 가진 사람들의 마음에 들도록 친근한 말투로 그 신성한 진리의 소리를 전달했는데, 이런 소리를 들을 자질이 있는 왕들은 아주 드물다. 내가 이렇게 제멋대로 구는 것은 왕과 나 사이의 비밀로 되어 있었다. 나는 거기에 원수 경조차 개입시키지 않았다. 나는 왕 앞으로 갈 편지를 봉인해서 원수 경에게 보냈고, 그도 무슨 내용이 들어있는지 물어보지도 않고 그 편지를 왕에게 보냈다. 왕은 이에 대해 아무런 회답도 하지 않았고, 얼마 후 원수 경이 베를린에 갔을 때 단지 내게 심한 꾸지람을 들었다는 말만 자기에게 했다고 한다. 나는 그 말을 듣고 내 편지가 환영받지 못했다는 것과 내 솔직한 열망이 어떤 현학자의 촌스러움으로 받아들여졌다는 것을 알았다. 사실 그것은 당연한 것일 수도 있었다. 어쩌면 나는 말해야 했던 것은 말하지 않았고, 마땅히 취했어야 할 어조를 취하지 않았는지도 모른다. 나는 오로지 나에게 펜을 들게 했던 감정에 대해서만 답했다.

우정이란 소문이 크게 나면
순조롭게 진행되지 않는 법이다

특히 이자벨 디베르누아(Isabelle d'Ibernois; 그녀는 29살 되는 생일날 결혼했는데, 이때 루소는 그녀에게 매력적인 편지와 함께 자기가 만든 장식용 끈을 보냈다.)라고 하는 뇌샤텔 검사장의 딸이 있었는데, 그녀는 각별한 우정을 맺어도 될 정도로 존경할 만했다. 그녀는 내게서 유익한 충고도 들었고 필요할 때는 보살핌도 받았으므로 그녀는 나와의 우정을 꽤 만족스럽게 여겼다. 그래서 지금은 한 가정의 현모양처가 되었지만 그녀가 좋은 남편을 만나 누리는 생활이나 행복이 어쩌면 내 덕분일지 모른다. 내 편에서도 그녀 덕분에 대단히 감미로운 위안을 받고 있다. 더욱이 매우 침울한 겨울 동안 내가 병과 고통으로 한창 시달리고 있을 때 그녀가 테레즈와 나와 함께 긴긴 밤들을 지내 주었다. 그녀는 유쾌한 재치를 발휘하고 서로 마음을 터놓게 해 기나긴 밤들을 아주 짧게 만들 줄 알았다.

그녀는 나를 아빠라고 불렀고, 나는 그녀를 딸이라고 불렀다. 우리는 지금도 서로를 이렇게 부르는데, 나는 이 호칭이 나와 마찬가지로 그녀에게도 계속 소중하기를 바란다. 내가 짠 끈은 유용하게 쓰도록 내 젊은 여자 친구들에게 결혼 선물로 주었는데, 거기에는 그녀들이 자녀들을 자기 젖을 먹여 키운다는 조건이 붙어 있었다. 이자벨의 언니도 이런 조건으로 끈 하나를 받았고, 그 약속을 지켰다. 이자벨도 언니 못 지않게 그 약속을 이행할 작정이었다. 그러나 그녀는 자기 의지를 실현할 수 있는 행복을 얻지 못했다. 이 끈을 두 자매에게 보낼 때 나는 각자에게 편지를 썼는데, 언니에게 보낸 편지는 세상이 다 알아 버렸다. 그러나 동생에게 보낸 것은 그처럼 반향을 일으키지 못했다. 우정이란 소문이 크게 나면 순조롭게 진행되지 않는 법이다.

"적어도 나는 형제들 가운데 있다"

내가 전혀 예기치 않았던 때에 몽몰랭 목사가 와서, 내가 제의한 조건 대로 영성체에 나를 받아줄 뿐만 아니라 자신과 장로들은 신도들 가 운데 내가 있다는 것을 커다란 영광으로 생각한다고 밝혔다. 나는 평 생에 이와 같은 놀라움을 느끼거나 이보다 더 위안을 받은 적이 결코 없었다. 아무런 연고 없이 언제나 홀로 사는 것이 내게는 매우 서글픈 운명처럼 보였고, 특히 역경 속에 있을 때 그러했다. 하지만 그토록 빈 번한 추방과 박해의 한가운데서도 나는 과분한 온정을 발견하고 "적어 도 나는 형제들 가운데 있다"고 중얼거릴 수 있었다. 그리하여 복받치 는 가슴을 안고 감격의 눈물을 흘리면서 영성체를 받으러 갔는데, 이 것은 아마 내가 신에게 바칠 수 있는, 가장 신의 뜻에 맞는 마음의 준 비였을 것이다.

나는 마음을 반만 내주는 법을 모른다

헝가리 청년 '소테른 남작'이 사람들 모두에게 한 말이나 내 귀로 들은 말로는 그가 뇌샤텔에 온 것은 다름이 아니라 나와의 교제를 통해 자신의 청춘을 덕으로 도야하기 위해서라고 했다. 그의 용모나 말투, 태도를 보면 그의 말과 일치하는 것 같았다. 그리고 사랑스러운 점밖에는 보이지 않고 그토록 존경할 만한 동기로 나와의 교제를 열망하는 청년을 돌려보냈다면 가장 큰 의무들 중 하나에 실패하는 것으로 생각했다.

나는 마음을 반만 내주는 법을 모른다. 나는 곧 우정과 모든 신뢰를 그에게 내주었고, 우리는 떨어질 수 없게 되었다. 그는 나와 모든 산책을 같이 했고 그것에 취미도 붙이게 되었다. 나는 그를 데리고 원수 경에게 갔으며 원수 경도 그에게 무척 친절하게 대했다. 그는 아직 프랑스 어로 의사를 표현할 수 없었으므로 내게 말할 때나 편지를 쓸 때 라틴어를 썼고, 나는 그에게 프랑스 말로 대답했다. 이 두 가지 언어를 섞어 썼지만 그렇다고 우리의 대화에 원활함이나 활기가 떨어지는 일은 없었다. 그는 내게 자기 가족, 사업, 파란만장한 사건, 그리고 비엔나의 궁정 등에 대해 말했는데, 비엔나 궁정에 대해서는 개인들의 세세한 점까지 잘 아는 듯했다.

결국 우리가 2년 가까이 아주 가깝게 지내는 동안에 나는 그에게서 어떤 것에 맞닥뜨려도 변하지 않는 유순한 성격, 점잖을 뿐 아니라 우아한 태도, 일신상에 대한 대단한 결백함, 그의 대화에서 엿보이는 지극한 예의 바름, 한마디로 신사로 태어나고 교육받은 사람임을 나타내는 온갖 표시들 때문에 나는 그를 너무나 존경하여 그를 친애하는 사람이 되지 않을 수 없었다.

나는 이 옷 때문에 생긴 불편함을 끔찍하게 느꼈지만
그 옷을 벗어 버린다는 것은 비겁한 행동으로 보였다

공공연하게 목사들의 선동을 받은 사람들은 이제 국왕의 칙서와 참사원의 명령도 비웃고 모든 자제력을 잃어버렸다. 나는 설교단에서 훈계를 받았고 '적(敵) 그리스도'라고 불렸으며, 미친 늑대처럼 들에서 쫓겨다녔다. 나의 아르메니아인 복장은 금방 눈에 띄었다. 나는 이 옷 때문에 생긴 불편함을 끔찍하게 느꼈지만, 그런 상황에서 그 옷을 벗어 버린다는 것은 비겁한 행동으로 보였다. 나는 그렇게 하도록 스스로를 설득할 수 없었다.

그리하여 나는 무릎까지 내려오는 터키풍 옷에 털모자를 쓴 채로 사람들의 야유와 때로는 돌팔매질을 받아가면서 산책하곤 했다. 어떤 집들 앞을 지나갈 때면 몇 차례나 거기 사는 사람들이 "저자를 쏘아 버리게 내 총을 가져오시오"라고 하는 말을 듣기도 했다. 그렇다고 나는 발걸음을 재촉하진 않았다. 이런 태연함이 그들을 더욱 분개하게 했으나 결코 협박 이상을 넘지 않았다. 적어도 총에 관해서는 말이다.

나는 이런 위인을 사귀고
그의 우정을 얻고 싶은 욕구가 생겼다

부인은 내가 다른 어느 곳보다 영국에 체류하는 것이 한결 낫다고 확신하는 것처럼 보였다. 그래서 단지 당시 파리에 있던 흄 씨(데이비드 흄)에 대해서, 나에 대한 그의 우정에 대해서, 그리고 자기 나라에서 내게 도움을 주고 싶다는 그의 소망에 대해서 자주 이야기를 했다. 이런 흄 씨에 대해 좀 말해야 될 때가 됐다.

그는 『상업과 정치에 대한 논고』와 결정적으로 『스튜어트 왕가의 역사』로 프랑스, 특히 백과전서파 사이에서 대단한 명성을 얻었다. 나도 그의 저서 중 유일하게 아베 프레보 신부가 번역한 『스튜어트 왕가의 역사』를 조금 읽은 적이 있다. 그리고 다른 저서들은 접한 적이 없지만, 내가 그에 대해 들은 바에 따르면, 그가 사치스런 경향이 있는 '영국식 역설'(the English Paradoxes)에 공화주의적인 정신을 결합시키고 있는 것은 확실했다. 이런 소견을 근거로 나는 찰스 1세에 대한 그의 옹호 전체를 공정함의 최고봉으로 간주하고, 또 그의 천재성만큼이나 그의 미덕도 높이 평가했다.

나는 이런 위인을 사귀고 그의 우정을 얻고 싶은 욕구가 생겼다. 마침 데이비드 흄의 절친한 친구인 부플레르 부인의 간청으로 귀가 솔

깃해져 있던 터라 나는 영국으로 건너가고 싶은 생각이 한층 더 꿀떡 같았다. 나는 스위스에 도착해서 이 부인을 통해 그가 보낸 아주 기분 좋은 편지를 받았다. 이 편지에서 그는 내 천재성에 극도의 찬사를 보내면서 영국에 와달라는 간곡한 초대의 말과 내가 영국에 머무는 동안 자신의 영향력과 친구들을 모두 제공하겠다는 말을 덧붙였다.

그들은 내 이름으로 다른 인간을 그릴 수는 있었다. 그러나
그들은 속아 넘어가기를 원하는 사람들밖에는 속일 수가 없었다

생계 문제에 마음이 편해지자 다른 것은 걱정할 것이 하나도 없었다.
세상에서는 적들이 마음껏 활개를 치도록 내버려 두었지만, 나는 내
가 글을 쓰도록 부추긴 고귀한 열정 속에 그리고 내 원칙의 꾸준한 일
관성 속에 꼿꼿한 내 영혼의 증거를 남겨 두었다. 이 증거는 내 행위가
내 천성에 대해 보이는 증거와 일치했다. 나는 나를 중상하는 자들에
대한 다른 어떤 방어막도 필요치 않았다. 그들은 내 이름으로 다른 인
간을 그릴 수는 있었다. 그러나 그들은 속아 넘어가기를 원치 않는 사
람들을 속일 수는 없었다.

나는 그들에게 낱낱이 파헤쳐 보도록 내 생애 전체를 내보일 수 있
었다. 나의 모든 결점과 약점에도 불구하고 또 티끌 만한 속박도 견뎌
내지 못하는 내 성정에도 불구하고 사람들은 어떤 상황에서도 올바르
고 선량하며 원한도 증오도 질투도 없고, 자신의 실수를 재빨리 인정
하면서 타인의 실수는 더욱 빨리 잊어버리며 자애롭고 정겨운 열정 속
에서 자신의 모든 지복을 구하고 모든 일에서 진실함을 무모할 정도로
밀고 나가 정말 믿을 수 없을 정도로 무욕의 경지에 이르는 한 인간을
보게 되리라는 것을 나는 확신했다.

"여기서 더 하는 일이 있다면
그것은 아무 일도 하지 않는 것이다"

그러므로 어떻게 보면 내 시대와 내 동시대인들에게 떠나 나는 스스로 여생을 이 생피에르 섬에 가둠으로써 세상과 작별을 고했다. 왜냐하면 내 결심이 그러했고 또 그 무위의 삶이라는 위대한 계획을 마침내 실천에 옮기려고 생각한 것도 바로 이곳이었기 때문이다. 지금까지는 신이 내게 내려주었던 미미한 활동력을 이 계획에 바치려 했지만 허사였다. 나에게 이 섬은 사람들이 잠드는 행복한 나라, 파피마니 사람들(Papimanie)의 섬(라 퐁텐의 우화인 『파프피기에르의 악마』를 암시한다.)이 될 것이었다.

"여기서 더 하는 일이 있다면 그것은 아무 일도 하지 않는 것이다."

내게는 이 '더하는 일'이 전부였다. 왜냐하면 나는 결코 잠을 아쉬워한 적은 없었기 때문이다. 나는 한가하기만 하면 행복하며, 아무 일도 하지 않는다면 자는 것보다는 깨어 있는 상태에서 몽상하는 것을 더 좋아한다. 허영심의 취기는 마음을 우쭐하게 만들기보다는 더욱 어지럽게 만들기 때문에 내 유일한 희망이라면 영원한 한가함을 누리면서 구속 없이 살아가는 것뿐이다. 이것은 내세에서 복자들이 누리는 생활인데, 나는 여생 동안 이것을 이 세상에서 최고의 행복으로 삼았다.

내가 좋아하는 무위란 끊임없이 움직이면서도
아무것도 하지 않는 어린아이의 무위이며
어떤 주제를 놓고 횡설수설하는 노망한 늙은이의 무위다

내가 좋아하는 무위(無爲)란 완전히 아무것도 하지 않고 팔짱을 낀 채 앉아 더 이상 움직일 생각도 않고 그냥 가만히 있는 게으름뱅이의 무위가 아니다. 그것은 끊임없이 움직이면서도 아무것도 하지 않는 어린아이의 무위이며, 어떤 주제를 놓고 횡설수설하는 노망한 늙은이의 무위다.

나는 하찮은 일을 하는 데 몰두하는 것, 백 가지 일을 시작해서 하나도 끝내지 못하는 것, 기분 내키는 대로 왔다갔다 하는 것, 계획을 빈번히 바꾸는 것, 파리 한 마리가 날아다니는 모든 궤적을 쫓아다니는 것, 바위를 들어 올리고 그 밑에 무엇이 있나 보는 것, 십 년 걸릴 일을 열심히 계획하다가 십 분 후 미련 없이 포기하는 것, 순서도 일관성도 없이 밤낮 빈둥거리는 것, 그리고 모든 일에 순간적인 기분만을 쫓는 것을 좋아한다.

늘 잊어버리기 때문에 똑같은 것들을 똑같은 흥미를 갖고
수천 번 관찰하는 것이 권태롭지 않았다

내가 항상 숙고해 왔고 또 스스로 판단한 후 열렬히 좋아하기 시작한 식물학이야말로 일종의 한가한 연구이다. 이것은 망상이나 완전한 무위에서 오는 권태에 여지를 주지 않도록 내 한가한 시간의 빈틈을 채우기에 적합했다. 숲이나 들판을 무사태평으로 돌아다니는 것, 아무 생각 없이 여기저기서 꽃 한 송이나 잔가지 하나를 수집하는 것, 닥치는 대로 건초를 뜯어먹고 늘 잊어버리기 때문에 똑같은 것들을 똑같은 흥미를 갖고 수천 번 관찰하는 것은 잠시도 권태를 느끼지 않고 영원한 시간을 보내기 위한 수단이었다.

식물의 구조가 아무리 우아하고 감탄스럽고 다양하더라도 무지한 눈에는 주의를 끌 정도로 강한 인상을 주지 못한다. 식물의 조직을 지배하는 변함없는 유사함과 그 놀라운 다양성은 식물의 체계에 대해 약간의 지식을 가진 사람들을 열광시킨다. 그렇지 않은 사람들은 이 자연의 보물들을 보고도 무디고 단조로운 감탄밖에 하지 않는다. 그들은 무엇을 관찰해야 하는지조차 모르기 때문에 세밀하게는 아무것도 보지 못하며, 그 경이로움으로 관찰자의 마음을 압도하는 조화와 연결에 대한 개념이 없으므로 그 전체를 보지 못한다. 나는 모든 것들이 내게 새롭게 보일 정도로, 그리고 모든 것들의 아름다움이 민감하게 느껴질 정도로 아는 그런 행복한 상태에 있었고, 기억력이 부족해서 늘 이러한 상태에 머물렀다.

나는 자연이 만든 작품에 대해서는 어느 정도 알고 있지만
정원사가 만든 작품에 대해서는 전혀 알지 못한다

나는 린네(Carl von Linné; 1707-1778, 식물의 분류를 정리하고, '인위(人爲) 분류 체계'(린네의 체계)를 완성한 스웨덴 박물학자)의 분류법에 열광하는 바람에 그것이 쓸모없다는 것을 느낀 뒤에도 거기서 좀처럼 벗어날 수가 없었다. 내 생각에 이 위대한 관찰자는 루드비히(Chrétien-Théophile Ludwig; 1709~1773, 독일의 식물학자)와 더불어 박물학자이자 철학자로서 식물학을 보았던 유일한 사람이다. 하지만 그는 식물학을 식물표본과 식물원에서 너무 연구한 나머지 자연 그 자체 안에서는 연구가 충분치 않았다. 이 섬 전체를 식물원으로 간주하는 나로서는 어떤 것을 관찰하고 또 진위를 확인할 필요가 있을 때는 곧장 책을 끼고 숲이나 들판으로 달려갔다. 거기서 나는 문제의 식물 곁에 자리 잡고 바닥에 누워 서 있는 그 식물을 마음껏 조사했다. 이런 방법은 인간의 손에 의해 변질되기 이전의 자연 상태에 있는 식물에 대한 지식을 얻는 데 큰 도움이 되었다.

루이 14세의 수석의사인 파공(Gui-Crescent Fagon; 1638~1718, 왕실 식물원의 식물학과 화학 교수이자 왕실 식물원장)은 왕실 식물원에 있는 모든 식물의 이름을 줄줄이 대고 완전히 알고 있었으나 들에 나가면 너무나 무지해서 같은 식물들조차 구별하지 못했다고 한다. 나는 정확히 그 반대였다. 나는 자연이 만든 작품에 대해서는 어느 정도 알고 있지만 정원사가 만든 작품에 대해서는 전혀 알지 못한다.

오, 자연이여! 오, 나의 어머니여!
나는 지금 홀로 당신의 보호 아래 있습니다

종종 배를 바람 부는 대로 물결치는 대로 내버려 둔 채 대상이 없는 몽상에 나를 맡겼는데, 이러한 몽상은 터무니없어도 역시 감미로웠다. 나는 가끔 이렇게 외쳤다.

"오, 자연이여! 오, 나의 어머니여! 나는 지금 홀로 당신의 보호 아래 있습니다. 여기서는 당신과 나 사이에 약삭빠르고 교활한 인간이 결코 끼어들지 않습니다."

나는 이렇게 뭍에서 멀어졌다. 나는 이 호수가 대양이었으면 하고 바랐다. 그러나 내 가엾은 개가 나처럼 물 위에 그렇게 오래 머물러 있는 것을 좋아하지 않았기 때문에 보통 때에는 산책길을 따라갔다. 작은 섬으로 가서 배에서 내려, 한두 시간 산책하거나 언덕 꼭대기 풀밭에 눕는 것이다. 그러면서 호수와 주변의 경치에 감탄하는 즐거움을 실컷 누리고, 손이 닿는 범위 내에 있는 온갖 풀들을 조사하고 해부하기도 하고, 또 로빈슨 크루소(루소는 디포의 『로빈슨 크루소』를 대단히 호평했다.)처럼 이 작은 섬에다 내가 머물 상상의 거처를 세워 보기도 했다. 나는 이 작은 언덕에 강한 애착을 느꼈다.

목적의 위대함과 아름다움과 유익함이
용기를 북돋아 주었다

몇 해 전부터 온갖 폭풍우에 고통스러운 타격을 받고 이주와 박해에 지친 나는 휴식이 필요함을 절실히 느끼고 있었다. 하지만 잔인한 내 적들은 장난 삼아 내게서 그런 휴식을 빼앗아 버렸다. 나는 감미로운 한가함과 정신과 육체의 부드러운 편안함을 어느 때보다도 더욱 갈망했다. 이것은 내가 전에도 그토록 열망했던 것이며, 사랑과 우정의 환상에서 깨어난 지금 내 마음의 가장 큰 행복은 이것을 넘어서지 않았다.

　나는 내가 착수하려는 일을 두려운 눈으로 보았다. 내가 빠져들 소란한 생활은 나를 떨게 만들었다. 그리고 목적의 위대함과 아름다움과 유익함이 내 용기를 북돋아 주었다면, 혼신을 다해도 성공할 수 없다는 점은 내 용기를 완전히 꺾어 버렸다. 나 홀로 깊은 명상을 하면서 20년을 보낸 것이 사람들과 사건들에 채이면서도 내가 하는 일의 성공을 확신하지 못한 상태로 여섯 달을 보낸 것보다는 훨씬 덜 고통스러웠을 것이다.

나는 선언합니다.
나는 진실을 썼습니다

나는 진실을 썼습니다. 만약 어떤 사람이 내가 방금 진술한 것들과 상반된 것들을 들었다면, 그것이 아무리 입증되었다 하더라도, 그가 알고 있는 것은 거짓과 중상모략입니다. 그리고 내가 살아 있는 동안 나와 함께 그것들을 철저히 규명하고 비교하기를 거부한다면 그는 정의나 진실의 친구가 아닙니다. 나로서는 솔직하고 거리낌 없이 다음과 같이 선언하겠습니다. 누구든지 심지어 내 저서를 읽지 않았더라도 자기 자신의 눈으로 내 기질, 내 성격, 내 품행, 내 성향, 내 즐거움, 내 습관을 검토하고 나서 나를 부정직한 사람이라고 생각할 수 있는 자가 있다면, 그는 숨통을 끊어 놓아야 할 인간입니다.

_ 루소의 『고백록』과 그의 생애
_ 장 자크 루소 연보

루소의 『고백록』과 그의 생애

아우구스티누스와 톨스토이의 『고백록』과 더불어 세계 3대 '고백 문학'으로 평가받는 장 자크 루소의 『고백록』(Les Confessions)은 '2부 12권'으로 되어 있는데, 1부(6권)는 1765-67년에 탈고하여 사후인 1782년에, 2부(6권)는 1769-70년에 탈고하여 1789년에 출간되었다.

이 책은 반대파의 공격을 피해 숨어 지내던 루소가 자신의 삶을 옹호하기 위해 집필한 것이지만 자신에게 유리하거나 불리한 것을 가리지 않고, 당시의 사회와 끊임없이 대립하면서도 자신의 정체성을 끝까지 지키고자 했던 한 인간의 모든 면들을 여과 없이 보여주고 있다.

루소는 어린 시절의 방황과 방랑을 거치며 제대로 된 교육을 받지 못했지만, 자신만의 창의적인 사상을 발전시켜 나간다. 파리에서 여러 지식인들과 교류하면서 백과전서 집필 기획에 참여했는데 루소는 1756년 에르미타쥐로 주거지를 옮긴 뒤부터 점점 백과전서파 철학자들과 사이가 벌어졌다. 특히 디드로가 『사생아론』에서 루소를 공격하는 바람에 그들은 완전히 돌아서게 된다. 1756년 말 디드로는 루소에게 『사생아론』을 헌정했는데, 루소는 이 책의 본문에 나오는 "혼자 있는 사람은 악인밖에 없다"라는 말이 분명 자신을 겨냥했다고 여겨 분노를 금치 못했다. 이에 대해 루소가 불만을 표출하고, 디드로는 답변하는 식으로 서로 공방전을 펼쳤는데, 이러한 설전을 통해 둘 사이에 오랫동안 쌓여 온 갈등이 폭발하고 말았다.

당시 루소의 선배였던 볼테르는 처음에는 루소와 잘 지냈으나 나중에는 서로 대립각을 세우게 된다. 위대한 이 두 사람 사이에 벌어진 논쟁은 당대의 문학과 사회사에 큰 획을 그었다. 볼테르는 사회개혁가 루소가 자신의 의식과 사상을 전파하는 방식에 공감하고 있었다. 그 방식들 중 하나가 빈정거림과 조롱이었는데, 아이러니하게도 그는 이 방식으로 바로 루소를 공격했다. 하지만 루소는 볼테르에 대한 언급을 무척 자제했다. 마음속으로 그 어떤 일보다도 이 관계에 대해 생생하게 기억하고 있었지만 말이다.

루소는 자신의 자서전에 노년기까지 남기려 했지만 결국 그러지 못했다. 말년을 장식했던 중요한 사건들의 요약이 『고백록』에 어울리지 않다고 믿었기 때문이다.

디드로와 결별 이후 루소는 주위 사람들이 자신을 파멸시키기 위해 끊임없이 공작을 꾸민다고 여겼다. 박해받고 있다는 피해의식과 자신의 무고함에 대한 확신 때문에 그는 "지금 존재하고 있고 또 앞으로도 존재할 수 있을 유일한 인간상"인 자신의 진정한 모습을 세상에 알리고자 했고, 출판업자 마르크 미쉘 레(Marc-Michel Rey)의 권유까지 더해지자 『고백록』을 집필하기로 마음먹었다.

루소는『에밀』과『사회계약론』을 발표한 뒤로 프랑스 정부의 박해를 받아 망명자가 되어 유럽 곳곳을 전전해야만 했다. 그때는 이미 그의 이름이 세상에 널리 알려져 당대 최고의 유명인사 중 한 명이 되어 있었다. 어린 시절부터 파란만장한 인생을 살아온 그는 말년에 들어서서 더욱 극적인 사건들에 휘말리게 되었다. 특히 책을 출판할 때마다 세간의 화제를 불러일으키며 논쟁의 중심에 서 있었다.

　루소와 가까이 지내며 그의 글을 출판해 주고 후원자 역할도 해온 출판업자 마르크 미쉘 레는 루소의 저술들을 하나의 전집으로 재구성하여 출판할 계획을 세웠다. 그는 우선 루소가 살아 온 길을 회고하는 글을 써 달라고 부탁했다. 저자의 삶을 요약한 글을 전집의 서문 격으로 실을 요량이었다. 루소는 처음 이 제안을 받았을 때는 머뭇거렸으나 거듭 제안이 들어오자 생각을 바꾸었다.

　세상에는 자신을 인정하고 존경하는 사람들도 많았지만 종교적 또는 정치적 이유로 비난하며 핍박하는 사람들이 점점 늘어났다. 그래서 루소는 스스로의 삶을 고백하고 진솔하게 자신의 생각들과 입장을 드러냄으로써 오해를 풀기로 마음먹었다. 자신의 삶을 사실에 충실하여 객관적으로 서술해 보고 싶었던 루소는 마침내『고백록』을 쓰기 시작했다.

　루소는 떠돌이 생활 속에서도 삶에 관한 기억들을 차근차근 더듬어 내면의 고백을 솔직하게 담아냈다. 훗날 그의 고백을 객관적으로 분석하고 검증하는 문학 비평가들은 대부분 그가 피력한 내용의 솔직함과 객관성에 동의하고 있다. 자식을 고아원에 맡긴 일이나 자기 성격의 약점을 묘사하는 대목 등 일부분에는 다소 자신을 합리화하는 측

면이 있지만, 전반적으로 볼 때는 그래도 정직하게 기술했다는 평가를 내리고 있다. 때로는 루소 스스로 말했듯이 '솔직하고' '정직하게' 고백하려는 집념 때문에 굳이 밝히지 않아도 될 만한 내용들까지도 스스럼 없이 드러내 독자들을 겸연쩍게 만든다고 말하는 사람들도 있다.

그러나 검열관들이 『고백록』의 기이한 구성에 대해 비판을 가하기도 했고, 심지어 어떤 사람들은 루소에게 폭언까지 퍼붓기도 했다. 루소가 『고백록』에서 저지른 오류와 실수들은 결함투성이의 교육과 극도로 예민하고 통제 불가능한 성격에서 비롯되었다는 것이다. 또한 그가 우유부단하고, 명예와 자립에 대한 강박감을 갖고 있으며, 친구가 되고자 하는 인물들의 조언을 완강하게 거부했다고 혹평하기도 했다. 이런 비판과 비난들은 난치병에 시달리던 그를 끊임없이 괴롭혔다.

그의 작품에 깊은 감명을 받았고, 어쩌면 행동과 사고방식에 영향을 받았을지도 모르는 시인 바이런 경도 루소와 비슷한 영혼을 지닌 인물이었다. 그의 장편시 「차일드 해럴드」(Childe Harold)에는 루소에 대한 깊은 연민이 진하게 배어 있다. 특히 이 스위스 철학자의 나약함을 묘사한 아래 시구는 감탄을 자아낸다.

"여기에서 자아를 괴롭히는 궤변가,
고뇌의 사도, 사나운 루소는 열정에 마법을 걸어, 비애로부터
압도하는 웅변을 짜내, 그를 비참하게 만든 숨을 처음으로 들이켰다.
하지만 그는 광기를 아름답게 만들고, 부정한 행위와
생각들에 말로써 천상의 색조를 드리우는 법을 알아,

햇살처럼 눈부신 그 말들이 눈을 지나칠 때면
눈물이 다정하고 속절없이 흘러내렸다."

— 바이런 '칸토 3'(77)

어떤 사람들은 루소의 그림자와 결점보다는 그가 그린 더 밝은 면을 바라보고 싶겠지만, 그의 가장 큰 결점은 자식에 대한 아버지의 의무를 포기한 것이었다. 그는 이 죄에 대해 아주 오랫동안 격렬하게 뉘우치며 속죄했다.

그가 정부(情婦)와 후원자에 대한 기억을 다루는 방식도 문제 삼을 수 있다. 그가 '엄마'라고 불렀던 바랑 부인(Madame de Warens)과 깊은 사랑에 빠졌다는 것은 부인할 수 없다. 그럼에도 불구하고 그는 때때로 바랑 부인의 경솔함과 무분별함을 필요 이상으로 곱씹는다.

하지만 일생 동안 그가 인간으로서도 작가로서도 쾌활하고 매력 있는 사람이었던 것은 분명하다. 그는 인류의 개선과 발전을 위해 공정함과 실재하는 욕망에 대해 깊이 의식하고 있었다. 이런 탁월함 때문에 그는 자신의 소박한 생활을 빼앗기 위해 음모를 꾸미는 무리라고 여기고 배격했던 이들에게까지도 사랑을 받았던 것이다.

『고백록』과 거의 비슷한 어조의 작품으로는『어느 고독한 산책자의 몽상』(Reveries d'un Promeneur Solitaire)과『신 엘로이즈』(La Nouvelle Heloise)가 있다. 그의 편지 형식의 작품들은『에밀』(Emile)이 그랬던 것처럼 삶과 인물에 대한 실마리를 던져 준다.

지금 우리 시대에는『신 엘로이즈』를 통해 대중의 마음에 영향을 주고자 애썼던 루소의 의중을 이해하기 쉽지 않다. 이 작품은 나른함과 비현실성으로 독자들을 억누르지 않는 서간체 형식의 몇 안 되는 연애 소설 부류에 속한다. 지나치게 차갑고 딱딱했던 선배 작가들은 알지 못했던 격정을 루소가 페이지마다 쏟아부었고, 건방지게도 당시 유행을 따랐던 작가들과 예술가들이 허구로 표현했던 자연을 있는 그 대로 그렸다. 어떤 사람들은 이런 작업을 창피하게 여겼고, 일부 학계의 저자들은 이 책을 조롱의 대상으로 삼기도 했다.

이 책의 주인공 줄리(Julie)와 생 프뢰(Saint-Preux)는 발표 이후 전설이 되었다. 곳곳에서 마음 여린 사람들이 그들의 정사에 한숨을 짓고 눈물을 흘렸다. 또한 이 책이 출간되자 스위스를 찾는 관광객들의 발걸음이 이어졌고, 덕분에 스위스는 해마다 유명해졌을 뿐 아니라 부유해졌다.

"조물주의 손에서 떠날 때는 모든 것이 선하지만 인간의 선으로 넘어오면 모든 것이 악해진다."란 말로 시작하는 『에밀』은, 에밀이라는 소년을 주인공으로 내세워 자신의 교육론을 소설 형식으로 펼친 것이다. 루소는 여기서 당시 보편적으로 행해졌던 주입식 교육에 반대하고 자연적 본성을 계발하는 전인교육을 주장한다. 책을 통한 교육은 시기를 최대한 늦추고 경험과 감각을 통한 교육과 신체 단련을 강조한다. 교육은 지식인이나 직업인이 아니라 진정한 자연인으로 성장하도록 돕는 과정이라는 것이 그의 지론이었다.

이 책은 출간되자마자 논란에 휩싸였는데 특히 4부에 나오는 '사부아 보좌신부의 신앙고백'은 당시 철학자들과 기독교도들의 분노를 샀다. 그의 이신론(理神論:계시나 교회의 가르침을 통해 얻는 지식이 아니라 모든 사람이 타고났거나 이성으로 얻을 수 있는 종교적 지식체계를 그대로 인정하는 것)이 문제가 되었던 것이다. 책은 파리와 제네바 등의 여러 도시에서 불태워졌으며 루소는 신변의 위험을 느껴 피신을 해야만 했다.

1766년 초반 데이비드 흄은 『에밀』로 인해 불안한 떠돌이 망명객이 된 루소를 안전한 피신처가 될 수 있는 영국으로 가자고 설득했다. 루소의 런던 출현은 사람들의 주목을 끌었다. 흄이 소개한 데븐포트(Mr. Davenport)는 픽 컨트리(Peak Country) 근처 스태퍼드셔의 우튼에 있는 집을 루소에게 제공하겠다고 했다. 루소는 1년에 30파운드씩 임대료를 내는 조건으로 그 집에 머물렀다. 그는 조지 3세로부터 100파운드씩 연금도 받기로 합의했지만 연금은 첫해 이후 점점 줄어들었다.

우튼의 날씨와 풍경은 루소의 고국과 비슷했다. 루소는 처음에 테레즈와 함께 생활한 자신의 새로운 보금자리를 무척 좋아했고, 식물 채집과 『고백록』의 6권을 쓰는 데 몰두했다. 하지만 얼마 지나지 않아 오래된 환각이 그의 뇌를 공략했고, 루소는 자기가 죽지 않는 한 적들이 공격할 것이라고 확신하게 된다.

1766년 7월, 루소는 데이비드 흄에게 "당신은 가장 악독한 인물들 중 한 명"이라는 내용의 공격적인 편지를 썼다. 문학적인 파리가 자기를 포위하기 위해 흄과 영국 정부와 야합한 것이라고 여겼기 때문이다. 몇 년 동안 그에게 들려온 온갖 소문들이 그의 괴로운 마음속에서 소용돌이쳤다. 그리고 1767년 봄, 강박감에 시달린 그는 링컨셔의 스펠딩(Spalding)으로 도망쳤고, 이후 5월 칼레(Calais)에 도착한다.

프랑스로 돌아오자마자 그는 고질적인 방랑기질을 버리지 못해 거주지를 누차 바꾸었고, 심지어 '영원한 여행가'(Voyageur Perpetuel)

라는 별명까지 얻게 되었다. 1767년에서 1768년까지 지조르의 트리에(Trye)에 머무를 때, 그는 『고백록』의 2권을 썼다. 당시 그는 르누(Renou)라는 필명을 썼고, 이 시기에 두 명의 증인 앞에서 테레즈를 형식상의 아내로 맞이한다. 결혼의 신성함에 의미를 두기로 한 것이다.

1770년 그는 파리에 집을 마련했다. 지금은 그의 이름으로 불리는 거리의 이 집에서 루소는 7년 동안 악보를 복사하며 살았다.

1778년 봄, 후작이었던 지라르댕(Monsieur de Girardin)이 그에게 에름농빌에 있는 자신의 영지로 휴양을 권했고, 루소와 테레즈는 그곳으로 떠났지만 오래 머무르진 않았다.

같은 해 7월 3일, 이 불안한 영혼은 뇌졸중에 시달리다가 마지막 숨을 거두었다. 그가 자살했다는 소문이 퍼졌지만, 의사를 비롯해 신뢰할 수 있는 증인들이 이를 부인했다.

포플러 나무 아래에 묻힌 그의 시신은 프랑스 혁명 이후, 파리의 팡테옹(Pantheon)으로 옮겨졌다. 이후 제네바 정부는 유명한 시민에게 행한 가혹한 처사에 배상금을 지불하고, 제네바 출신 프랑스 조각가 장자크 프라디에(Jean Jacques Pradier)가 제작한 루소의 동상을 론(Rhone)의 섬에 세워 주었으며, 그 섬에 그의 이름을 붙여 주었다.

2016년, 제비가 찾아오는 삼월 삼짇날
김대웅

1712년 6월 28일 스위스 제네바의 그랑 뤼 40번지에서 아버지 이자크 루소(Issac Rousseau)와 어머니 쉬잔 베르나르(Suyanne Bernard) 사이의 둘째 아들로 태어났다. 열흘 뒤 어머니는 출산 후유증으로 사망했으며, 루소는 고모 쉬잔 루소의 손에서 자랐다.

1718년 수공업자들이 사는 구역인 생제르베의 쿠탕스(Coutances)로 이사.

1722년 10월 11일 아버지가 제네바 시와 불화 때문에 니옹으로 떠나고, 외삼촌 가브리엘 베르나르에게 맡겨진 루소는 10월 21일 외삼촌의 아들과 함께 개신교 목사 랑베르시에에게 보내진다.

1724년 제네바로 돌아와 시청 법무사 마스롱 밑에서 몇 주 동안 서기로 일한다.

1725년 5월 1일 아벨 뒤코맹 집에 견습공으로 들어갔으나 그의 가혹한 처우로 인해 루소는 거짓말과 도둑질 등 악습에 물들었다.(제1권 참조)

1726년 3월 5일 아버지가 니옹에서 재혼했다.

1728년 3월 14일 제네바에서 도망쳤고, 3월 21일 안시에서 바랑 부인을 만났다. 그녀의 주선으로 4월 12일 토리노 수도원에 들어가, 21일 가톨릭으로 개종하고, 23일 장 요셉이라는 세례명을 받았다. 그해 여름 바질 부인을 만났고 그녀의 소개로 베르첼리스 부인 집에서 하인 노릇을 한다. 얼마 후 베르첼리스 부인이 죽고 나서 그 집에서 리본을 훔치다가 발각되자 하녀 마리옹이 자기에게 주었다고 거짓말하는 바람에 그녀와 함께 해고되었다. 이후 갬 신부에게 감화를 받고, 구봉 백작의 하인으로 들어가 그의 아들인 구봉 신부의 서기가 되었다.

1729년 6월 견습공 시절에 만난 친구 바클과 함께 구봉 백작 집을 떠나 떠돌다 다시 안시로 돌아와 바랑 부인의 집에서 지냈다. 8월에 안시의 신학교에 들어갔다가 퇴교당하고 교회 성가대의 악장 르 메트르에게서 음악을 배운다.

1730년 4월 르 메트르와 함께 리옹으로 떠났다가 도중에 안시로 돌아왔으나 바랑 부인이 그 사이 안시를 떠나 만나지 못했다. 7월 바랑 부인의 하녀 메르스레 양을 프리부르로 데려다주면서 리옹에 있는 아버지를 만났다. 7월부터 '보소르 드 빌뇌브'(Vaussore de Villeneuve)라는 가명으로 로잔과 뇌샤텔에서 음악을 가르치며 보낸다.

1731년 5월 스위스인 고다르 대령의 조카를 돌보기 위해 파리로 갔다. 8월 바랑 부인의 소식을 듣고 파리를 떠나, 9월 말 샹베리에서 바랑 부인을 만났다. 그녀의 주선으로 10월 1일부터 알프스 서쪽에 있는 사부아(Savoie) 공국 의 경리국장 아래서 토지대장 서기로 근무했다.

1732년 6월 토지대장 서기를 그만두고 음악에 전념했다.

1733년 가을 바랑 부인의 제안에 따라 처음으로 육체적 관계를 맺고 죄책감에 시 달렸다.

1734년 건강이 악화되어 니옹, 제네바, 리옹 등지를 여행했다.

1736년 레 샤르메트에서 행복한 전원 생활을 하며 공부에 전념했다.

1737년 6월 화학실험 중 폭발 사고로 실명의 위기를 맞고 최초의 유언을 작성했 다. 7월 말 유산 문제를 해결하기 위해 비밀리에 제네바에 갔다. 9월 상상 에서 생긴 병을 치료하기 위해 몽펠리에로 떠났다. 이 여행 도중 만난 라 르나주 부인과 육체관계를 맺는다.

1738년 2월 혹은 3월에 레 샤르메트로 돌아왔지만 바랑 부인이 빈첸리드를 새 애인으로 삼은 것을 보고 공부에 전념했다.

1740년 4월 리오 법원장 마블리의 두 아들의 가정교사로 채용되어 리옹으로 갔 다. 9월 혹은 10월에 「샹트마리 씨의 교육안」을 썼다.

1741년 5월 가정교사를 그만두고 샹베리로 돌아왔다.

1742년 7월 바랑 부인과 헤어지고 파리로 가서 새로운 악보 표기법을 기반으로 살아갔다. 8월 22일 파리 〈과학 아카데미〉에서 「새로운 악보 기호에 관한 제안」을 발표했으나 별다른 반응을 얻지 못했다. 9월에서 10월 사이에 마 리보, 퐁트넬, 마블리 신부, 디드로 등을 만났다.

1743년 1월 『현대음악론』(Dissrtation sur la musique moderne) 간행. 봄부터 뒤팽 부인의 살롱을 출입하며 뒤팽 부인의 전실 자식인 프랑쾨유와 화학 연구에 몰두했다. 6월 베네치아 주재 프랑스 대사인 몽테귀 백작의 비서 가 되어 베네치아로 떠났다. 거기서 루소는 이탈리아 오페라뿐만 아니라 뱃노래와 스쿠올레의 음악에도 큰 관심을 가졌다.

1744년 8월 6일 대사와 갈등 끝에 비서직을 사직하고 10월 파리에 도착. 달랑베

1745년	3월 하숙집 세탁부로 일하던 오를레앙 출신의 테레즈를 만났다. 이때 그녀의 나이는 23세였다. 7월 9일 오페라 〈사랑의 시신(詩神)들〉(Les Muses galantes)을 작곡, 9월에 초연되었다.
1746년	가을에 첫째 아이가 태어났으나 고아원으로 보냈다.(그 뒤 태어난 네 아이들도 모두 고아원으로 보냈다.)
1747년	5월 9일 아버지 이자크 루소 사망.
1748년	2월 데피네 부인으로부터 나중에 두드토 부인이 될 벨가르드 양을 소개받았다.
1749년	1월부터 3월에 걸쳐 디드로와 달랑베르의 권고로 『백과전서』의 음악 항목을 집필했다. 7월 24일 『맹인에 대한 편지』 때문에 디드로가 체포되었고, 8월 그림(Grimm)을 알게 되었다. 10월 뱅센 탑에 수감된 디드로를 면회 가던 중 잡지 『메르퀴르 드 프랑스』(Mercure de France)에 실린 〈디종 아카데미〉의 현상 논문 제목 「학문과 예술의 진보는 도덕을 타락시키는 데 기여했는가 혹은 순화시키는 데 기여했는가?」를 보고 영감을 받아 응모를 결심했다.
1750년	초반에 테레즈와 살림을 차렸다. 7월 9일 「학문 예술론」이 〈디종 아카데미〉 현상 논문으로 당선되어 12월 말에 간행되었다.
1751년	2월 프랑쾨유를 떠나 악보 필사를 수단으로 생계를 유지했다.
1752년	봄과 여름에 걸쳐 막간극 〈마을의 점쟁이〉 작곡. 10월 18일에는 루이 15세와 퐁파두르 부인이 참석한 가운데 퐁텐블로에서 상연, 대성공을 거두었다. 루이 15세가 연금을 하사하겠다고 했으나 거절했다. 이에 디드로가 루소에게 연금을 받으라고 조르는 바람에 루소와 디드로의 사이가 벌어졌다.
1753년	3월 1일 〈마을의 점쟁이〉가 오페라 극장에서 상연되었다. 11월 『메르퀴르 드 프랑스』에 〈디종 아카데미〉의 현상 논문 제목 「인간들 사이에 생기는 불평등의 기원은 무엇인가, 그리고 그것은 자연법에 의하여 허용되는가?」가 실렸다. 11월 말 '루소가 프랑스 음악에 대해 부정적인 판단을 내리고 이탈리아 음악에 호의를 보인 『프랑스 음악에 대한 편지』가 출간되어 논쟁이 되었다.

1754년 4월 「인간 불평등 기원론」을 완성했다. 6월 1일 테레즈와 친구 고프쿠르와 함께 제네바로 갔고, 여행 중 샹베리에서 마지막으로 바랑 부인을 만났다. 8월 1일 제네바에서 다시 개신교로 돌아가 제네바의 시민권을 얻었다. 10월 파리로 돌아와 「인간 불평등 기원론」의 원고를 암스테르담의 출판업자 마르크 미셸 레에게 넘겼다.

1755년 『인간 불평등 기원론』이 암스테르담에서 출간되었다. 9월 데피네 부인의 소유인 라 슈브레트 성에 머물면서 이듬해 봄에 데피네 부인이 마련해 준 레르미타주로 이사하기로 약속한다. 루소의 「정치경제학」 항목이 실린 『백과전서』 5권이 간행되었다.

1756년 4월 9일 테레즈와 그녀의 어머니가 레르미타주로 거처를 옮겼다. 8월 18일 볼테르의 시 「리스본 참사에 대하여」에 대한 반박으로 「섭리에 대해 볼테르에게 보내는 편지」를 썼다. 여름부터 가을에 걸쳐 『신(新) 엘로이즈』(La Nouvelle Héloïse)의 인물들을 구상했다.

1757년 1월 말 두드토 부인이 레르미타주를 방문했다. 2월과 3월 사이 디드로의 『사생아』에 나오는 "혼자 있는 사람은 악인밖에 없다"라는 구절을 보고 디드로를 비난했다. 10월 달랑베르가 쓴 제네바 항목이 실린 『백과전서』 7권이 간행되었다. 10월 25일 데피네 부인이 제네바로 떠났고, 11월 초 그림이 루소에게 절교 편지를 보냈다. 12월 5일 디드로가 루소를 방문하러 레르미타주에 왔다. 12월 15일 데피네 부인과 결별하고 레르미타주를 떠나 몽모랑시의 몽 루이로 거처를 옮겼다.

1758년 3월 9일 『연극에 관하여 달랑베르에게 보내는 편지』(Lettre à d'Alembert sur les spectacles)를 완성했는데, 이로 인해 볼테르의 반감을 샀다. 5월 6일 두드토 부인이 루소에게 절교 편지를 보냈다. 6월 21일 디드로와도 절교했다. 9월 13일 마르크 미셸 레에게 『신엘로이즈』가 완성되었음을 알렸다.

1759년 5월 뤽상부르 원수의 배려로 몽모랑시 성 별관에 두 달 동안 머물다 7월에 다시 몽 루이로 돌아갔다.

1760년 7월과 8월 사이 콩티 대공이 방문. 11월 22일 레가 『신엘로이즈』의 초판을 보내오고, 12월 20일에는 『신엘로이즈』가 런던에서 발매되었다.

1761년 1월 말 『신엘로이즈』가 파리에서 발매되어 엄청난 성공을 거두었다. 6월

12일 죽음이 멀지 않았다고 생각한 루소는 테레즈를 뤽상부르 부인에게 맡긴다. 뤽상부르 부인은 고아원에 맡긴 루소의 장남을 찾으려고 했으나 실패했다. 8월 9일 『사회계약론』이 완성되었다. 9월 말 출판총감 말제르브에게 『언어기원론』(Essais sur l'origine des langues)을 맡겼다. 10월 뒤쉔 서점에서 『에밀』이 인쇄되었다. 11월 16일 『에밀』의 원고가 예수회원들의 손에 들어갔다고 생각하고 정신착란 상태에 빠졌다. 12월 31일 레에게서 『고백록』을 쓸 것을 권고받았다.

1762년 1월 자신에 대해 기술한 『말제르브에게 보내는 편지』(Lettres à Malesherbes)를 썼다. 4월 초 『사회계약론』이 암스테르담에서 출간되다. 5월 27일 암묵적인 허가를 받고 암스테르담과 파리에서 『에밀』이 출간, 6월 3일 경찰이 『에밀』을 압수하고 법원에 고발. 6월 9일 고등법원이 유죄 판결을 내리고 체포령을 발동하자 루소는 스위스로 피신했다. 6월 11일 파리에서 『에밀』이 소각되었다. 6월 14일 스위스 베른의 이베르동에 도착했다. 6월 19일 제네바에서도 루소에 대한 체포령이 내려지고 『에밀』과 『사회계약론』이 소각되었다. 7월 1일 베른에서도 루소를 퇴거시키라는 명령이 내려졌다. 7월 9일 이베르동을 떠나 10일 뇌샤텔의 프로이센 대공령(大公領)인 모티에로 이동했고, 7월 20일 테레즈가 모티에로 왔다. 7월 29일 바랑 부인 샹베리에서 사망. 8월 16일 키스 원수의 비호 아래 프리드리히 2세로부터 모티에 체류를 허가받았다. 8월 28일 파리 대주교 크리스토프 드 보몽이 『에밀』을 단죄하는 교서를 내렸다. 9월 21일 제네바의 목사 자콥 베른이 「사부아 보좌신부의 신앙고백」을 철회할 것을 요구했다.

1763년 3월 『크리스토프 드 보몽에게 보내는 편지』 출간. 4월 16일 제네바 시민권을 얻었지만, 제네바의 정치에 혐오감을 느낀 루소는 5월 12일 시민권을 포기했다.

1764년 3월 13일 레에게 자신의 전집을 내달라고 부탁. 3월 18일 뤽상부르 원수 사망. 7월부터 식물 채집에 몰두. 8월 31일 부타포코로부터 코르시카를 위한 정치조직의 초안을 써달라는 편지를 받았다. 12월 트롱솅의 『전원으로부터의 편지』를 반박하는 것으로, 제네바 정치에 대한 신랄한 비평인 『산으로부터의 편지』(Lettres écrites de la montagne)가 출간되었다. 12월 27일 볼테르가 익명의 풍자문 〈시민들의 견해〉를 써 루소가 자식들을 고아원에 버렸다는 사실을 세상에 알렸다.

1765년 1월 초『고백록』의 서문을 썼다. 3월 19일『산으로부터의 편지』가 파리에서 소각되었다. 9월 6일 밤 목사 몽몰랭의 선동으로 모티에 주민들이 루소의 집에 돌을 던졌고, 9월 11일 생피에르 섬으로 피신했다. 10월 16일 베른 소위원회로부터 퇴거 명령을 받았다. 10월 22일 파리에서 근무하던 흄이 영국으로 초청하는 편지를 보내왔다. 11월 2일 스트라스부르에서 도착하여 6주를 머물면서 영국으로 갈 것을 결심, 12월 9일 스트라스부르를 떠나 12월 16일 파리에 도착했다. 12월 24일 친구 뒤 페루에게『고백록』집필에 필요한 자료를 부탁했다.

1766년 1월 4일 데이비드 흄과 함께 파리를 떠나 13일 런던에 도착, 2월 13일 테레즈와 합류했다. 3월 19일 우튼에서『고백록』의 본격적인 집필을 시작했다. 7월부터 흄과 불화가 생겼다.

1767년 3월 18일 영국 국왕 조지 2세가 연금을 수여했고, 자신에 대한 음모가 영국에까지 미쳤다고 생각한 루소는 5월 21일 공황 상태에 빠져 영국을 떠나 프랑스로 돌아왔다. 장 조제프 르누라는 가명을 쓰고 아미앵, 플뢰리 수 뫼동에서 잠시 머물다가 6월 콩티 대공의 보호 아래 트리에 정착했다. 11월 26일『음악사전』(Dictionnaire de musique)이 파리에서 발간되었다.

1768년 봄에 여러 원고들을 나다이야크 부인에게 맡기고, 6월 14일 망상에 시달리다 트리를 떠나 리옹, 라 그랑드 샤르트뢰즈, 그르노블, 샹베리를 거쳐 8월 13일 도피네 지방의 부르구앵에 도착했다. 8월 30일 테레즈와 결혼식을 올렸다.

1769년 1월 말 부르구앵 근처 몽캥에 있는 외딴 농가에 정착하여『고백록』의 7권부터 11권을 썼다.

1770년 6월 파리로 돌아와 가명을 버리고 플라트리에르 가(街)에서 테레즈와 함께 생활. 다시 악보를 필사하고 식물 채집에 나서기 시작. 나다이야크 부인에게『고백록』의 원고를 되돌려달라고 요구해 그해 12월『고백록』을 완성했다.

1771년 2월 스웨덴 왕태자 앞에서『고백록』낭독. 5월 4일부터 8일까지 데그몽 백작부인 집에서『고백록』2부 낭독. 5월 10일 데피네 부인이 치안 감독관을 부추겨 낭독을 중지시켰다. 7월 베르나르탱 드 생피에르와 교류를 시작했다.

1772년 자신을 정당화하기 위한 새로운 시도인 『루소가 장 자크를 판단하다, 대화』(Rousseau juge de Jean-Jacques, Dialogues)를 쓰기 시작했다.

1773년 악보를 필사하는 일과 식물 채집을 하면서 계속 『대화』를 집필했다.

1774년 독일의 음악가인 글루크로부터 악보 필사를 부탁받고 그의 오페라 공연에 참석하는 등 활발한 음악 활동을 벌였다.

1775년 10월 31일 1762년에 쓴 오페라 〈피그말리온〉(Pygmalion)이 루소의 허가 없이 〈코메디 프랑세즈〉에서 상연되어 대성공을 거두다.

1776년 2월 『대화』(사후 1782년 출간)의 집필을 마쳤다. 4월 거리에서 「아직도 정의와 진리를 사랑하는 모든 프랑스 사람들에게」라는 전단을 나누어주었다. 가을 『고독한 산책자의 몽상』(Les Rèveries du promeneur solitaire) 집필을 시작했다. 10월 24일 메닐몽탕에서 달려가던 개와 부딪쳐 의식을 잃고 회복 불능의 손상을 입었다.

1778년 4월 12일 『고독한 산책자의 몽상』의 "열 번째 산책"을 끝냈다(사후 1782년 출간). 5월 2일 『고백록』의 사본과 『대화』의 사본을 포함한 여러 원고를 제네바의 옛 친구인 폴 물투에게 맡겼다. 건강이 악화되어 5월 20일 지라르댕 후작의 초청으로 파리 교외에 있는 에름농빌로 거처를 옮겼다. 7월 2일 오전 11시 뇌출혈로 사망. 7월 3일 우동이 데스마스크를 떴다. 7월 4일 밤 11시 에름농빌의 인공 호수 안에 있는 푀플리에 섬에 묻혔다.

1780년 『대화』 출간.

1782년 『고백록』 제1부 출간. 『고독한 산책자의 몽상』 출간.

1789년 『고백록』 제2부 출간.

1794년 10월 유해가 팡테옹(Pantheon, 만신전)으로 이장되었다.

1801년 테레즈 사망.